JN011571

介護人材が集まる職場づくり

現場リーダーだからこそできる組織改革

結城康博［編著］

ミネルヴァ書房

まえがき

賃金引き上げは当然！

介護現場において、慢性的な人材不足が深刻であることは誰もが知るところである。そのことで、政府も二〇二二年二月から、さらなる介護職員の処遇改善策（月額ベース九〇〇〇円の引き上げ）の実施を決定し[1]、これらの財源として二〇二二年二～九月分として約一〇〇〇億円の財源措置を講じた。それ以降は介護報酬に盛り込む「加算」方式で継続されるようだが……。確かに、介護職員の賃金は全産業と比べると低いままで、わずかながらでも引き上がることは歓迎すべきことであり、正規職員を中心に一定の評価を得ることはできるであろう。

しかし、安易に介護職員の賃上げが喜べない側面もある。なぜなら、多少の賃上げが実施されても、非正規職員を中心に自ら勤務日数を減らし、逆に介護現場で人手不足を加速化しかねないからだ。いわゆる扶養の「罠」にはまることが懸念される。実際、介護サービス従事者の就業形態において、例えば、非正規職員の割合は「訪問介護」において約六割となっており、総じて介護現場では非正規職員によって支えられている。この賃上げにおいても、非正規職員も対象となっているため、多少の「時給」が引き上がることになるであろう。

つまり、このように介護人材不足対策においては、賃金の引き上げは言うまでもないが、その外にも講じなければならない対策は多々ある。

コロナ禍では医療分野が最優先

厚生労働省は二〇二二年三月三〇日、これまでに全国の高齢者施設で発生した新型コロナウイルスのクラスターが五一九三件にのぼったと公表した。ただし、三月二八日〇時までの直近一週間では八四件と、前週よりも六一件少なく一月半ば以来一〇週ぶりに二桁となったという。[2]

しかし、東京都が公表したデータに基づけば、昨夏第五波（九月五～一八日）と第六波（二月二〇日～三月五日）とを比較した場合、死者に占める施設内療養死が〇・四％から一五・八％へと上昇したという。[3] つまり、第六波における介護現場の実態は、かなり深刻であることがわかった。

その結果、濃厚接触者等で介護職員が出勤できないケースも多く、少ない人員で介護サービスを提供しなければならなかった。オミクロン株による爆発的な感染者が増えたことにより、同居家族などが感染することも頻繁で、出勤できない介護職員が第五波に比べてかなり増えたようだ。

筆者が、施設で働く介護職員に聞いたところ、「同僚の介護職員が濃厚接触者となり、夜勤を連続で入らなくてはならなくなり、仮眠をとって七日間施設で働くこともあった」「二週間連続で働き休みも取れない」「濃厚接触者でない、感染しない介護職員が出勤するしかなく、ブラック企業で働く感じだ」といった声を耳にした。ただでさえ慢性的な人材不足であったものが、コロナ禍により深刻な事態を招いてしまった。

どうしてもコロナ禍では医療現場に注目され、諸々の施策が医療分野に偏ってしまう。しかし、高齢者分野に施策を同程度にシフトすることで、「医療崩壊」も防げることになる。医療と介護は表裏一体であるため、同様な介護施策の重層化を期待したが難しい現状であった。

本書のねらい

本書は、介護人材不足が叫ばれている現実を受け止め、さらなる賃金引き上げを求めると同時に、介護現場を中心とした何らかの対策を講じることができないかといった視点に基づいている。実際、厳しい現状においても人材に困らない介護事業所も少なからずある。例えば、組織改革、リーダーの再育成、ユニークな手法で、人を集めている。

第Ⅰ部では「介護職員を悩ませる問題」と銘打って、賃金問題だけではなく多角的な視点から介護職員が抱えている課題について分析し、読者の方々に対応策のヒントを解明できるように心掛けている。第Ⅱ部では、「介護現場のリーダーが取るべき態度と責務」といったように、そもそも中間管理職、施設長クラスの人事マネジメントに課題があることから人材が集まらないのではないかといった仮説に基づいて、論を展開している。そして、第Ⅲ部では、「事例で見る介護人材を養成・定着させる取り組み」として、実際の成功事例などを取り上げて、読者に対策へのヒントとなるように心掛けた。

本書を読んでいただき、介護人材不足で苦慮している多くの人たちが、何らかの「気づき」を得て、すぐに対応できる一助となれば幸である。

注

(1) 内閣府「コロナ克服・新時代開拓のための経済対策(令和三年第一四回経済財政諮問会議配付資料)」二〇二一年一一月一九日、四六頁。
(2) Ｊｏｉｎｔ編集部「介護施設のクラスターが減少　直近一週間で八四件　一〇週ぶり二桁　厚労省は引き続き注意を喚起」二〇二二年三月三一日(https://www.joint-kaigo.com/articles/2022-03-31.html)。
(3) 「毎日新聞」(「施設療養死急増」(二〇二二年三月二一日付一面)。

二〇二二年六月

執筆者を代表して
結城康博

介護人材が集まる職場づくり——現場リーダーだからこそできる組織改革

目次

第2章 職員間で共有化できない介護観と相性の不一致

第10章　適材適所を意識した現場リーダーの発掘……園田希和子　170

——意識改革に重点を置いた組織改革のプロセス

序章　低賃金だけが理由だろうか

1　介護現場は特殊な「現場」なのか——他産業との比較から

（1）大学教育で人材育成

毎年、筆者のゼミ生のうち数人は特別養護老人ホームなどといった介護現場に就職していく。高校時代から福祉に興味を持ち社会福祉学科に入学し、社会福祉士資格を取得したり介護初任者研修修了（旧ホームヘルパー二級資格）後、二二歳の若者は介護現場へ巣立っていく。一方で福祉系高校を卒業して推薦入学で大学に入学し、介護現場の実習などを通して四年間福祉を学んでいくうちに、「福祉・介護業界」には展望を抱けず一般企業へ就職する学生もいる。

二〇二一年七月現在の全国「介護サービスの職種」の有効求人倍率は三・六九倍と、かなりの「売り手市場」となっており人材不足の深刻さが窺える。しかし、コロナ禍にあって全産業の有効求人倍

表序－1　毎年7月時の有効求人倍率（パートタイムを含む常用）の推移

（倍）

	2012年	2014年	2016年	2018年	2019年	2020年	2021年
介護関係職種	1.66	2.19	3.01	3.93	4.21	3.95	3.69
全　産　業	0.70	0.95	1.18	1.42	1.41	0.97	1.02

出所：厚生労働省「一般職業紹介状況（各月版）」を基に筆者作成。

率も一・〇二倍となっており、これほど経済活動が制限されている時期とはいえ一・〇を下回らない。つまり、全労働市場が人手不足ということだ（表序－1）。いずれコロナ禍が収束すれば全産業でかなりの「売り手市場」となり、介護現場は、さらに深刻の事態を迎えるだろう。

（2）終身雇用が解体し「第二新卒」

特にかつてのバブル期と違うのが、「第二新卒」という価値観が社会に浸透していることだ。筆者は、バブル期の一九九〇年には大学二年生であった。当時のことは鮮明に覚えている。会社説明会に参加するだけで、豪華なお弁当がふるまわれ、帰りには「テレホンカード五〇〇〇円分」が渡されたことを今でも思い出す。当時、社会福祉学科に所属しており、それほど偏差値の高い大学の学生ではなかったが、今から思えば一定程度の「バブル期の恩恵」を受けていたといえる。

しかし、当時は「終身雇用制度」という価値観が浸透していた。一部の資本家の家に生まれた者、もしくは秀でた能力を有する者以外は、有名な大学に入学し大企業に入社して退職を迎えることが一般的な成功モデルであった。

しかし、バブルがはじけ、一部の大企業が経営危機に陥るようになり、さらに派遣・契約社員といった就業形態が一般的になるにつれ、「転職」に対して多くの若者は抵抗感がなくなっていった。また、生産年齢人口減少化により、今の若者は新卒でなくとも二〇代であれば、「第二新卒」者として企業も喜んで採用してくれる時代だ。

2　時代錯誤な四〇代以降の関係者

(1) 時代についていけない

しかし、このような雇用情勢を理解していない「時代錯誤」的な四〇代以降の介護関係者が多くいる。しかも、この世代以降の管理職が「新人・転職組」の採用担当や人材育成責任者としての職務を担っている。これらの一部は介護業界一〇年未満の者も少なくないが、多くの管理職は介護保険制度創設前後に介護業界で働きはじめている。

一九九三年度の社会福祉専門職の有効求人倍率は〇・二倍、二〇〇〇年ですら〇・三二倍と、かなりの「買い手市場」であった（表序-2）。

当時の人事担当者に話を聞いたのだが、「一九九〇年代後半の私らの社会福祉法人の採用試験の倍率は三倍程度で、公募すれば多くの人が応募してくれた。毎年、五名の介護職員の公募に一五名前後の応募があったという。今では考えられない時代だった」と話してくれた(1)。

表序－2　社会福祉専門職種の有効求人倍率の推移（除パート）

（倍）

1993年度	1998年度	2000年度	2001年度	2002年度	2003年度	2004年度
0.2	0.18	0.32	0.38	0.43	0.55	0.69

出所：厚生労働省（2007）「『社会福祉事業に従事する者の確保を図るための措置に関する基本的な指針』の見直しについて」43頁。

しかし、このような時代の流れは、実際、働いている介護現場の管理職は気づいておらず、介護長・主任・訪問介護事業所の管理者は十分に理解できていない。特に、これら多くの中間管理職は、二〇〇〇年前後に自分が「若手」として介護業界で働きはじめた時のイメージのままである。そして、そのままの感覚で現在の若い介護職員に接している。

(2) 低賃金を「矛」に逃避している

確かに、介護人材不足が生じている大きな要因の一つに、他産業と比較して業務量に見合った「賃金」が得られていない点が挙げられる。後章で詳しく触れるが、介護職は要介護者の「命を預かる」「夜勤などの不規則勤務」といった重労働であるにもかかわらず、介護職員の年収は全産業と比べてかなり低い。しかし、低賃金・重労働といった理由のみで、他産業に「労働市場」で負けてしまうのであろうか。仮に、二〇代前半の介護職員が平均年収四〇〇万円以上といった水準が保障されれば、介護人材不足は解決されるのだろうか。

介護労働安定センターの調査によれば、前職（介護関係の仕事）を辞めた理由のトップは「人間関係」であり、収入面に関しては必ずしも最大要因とはなっ

表序－3　前職（介護関係の仕事）を辞めた理由（複数回答）

1位	職場の人間関係問題	23.9%
2位	結婚・妊娠・出産・育児等	19.9%
3位	法人や施設の理念等に合わない	17.2%
4位	他に良い仕事・職場があった	16.9%
5位	収入が少なかった	15.6%

出所：介護労働安定センター（2021）「令和2年度介護労働者の就業実態と就業意識調査結果報告書」。

ていない（表序－3）。なお、「法人や施設・事業所の理念や運営のあり方に不満という」要因も見過ごすことはできない。つまり、介護人材不足の要因は「業」の割には、低賃金であるといった従来の通説に併せて、「人間関係」「介護事業所の理念の不一致」なども重要な要素であることを忘れてはならない。

(3) 石の上にも三カ月

特に、介護現場は他産業と交流する機会も少なく、従業員の人材マネジメントに対しては「時代遅れ」となっているケースが多い。例えば、「介護技術」は各自先輩の仕事ぶりを見ながら「盗む」ものであり、しっかりとした職員研修によって業務を指導・養成する機会が少ない介護現場もある。

しかも、介護現場の管理職・リーダーたちは、目先の勤務シフトに追われ、後輩らに「介護」の楽しさ・魅力・やりがいなどを伝えきれていないことが多い。時には「前回も同じ説明したでしょう！」と、怒鳴りながら部下である若い職員を叱る管理職も少なくない。そうなると、二〇代の職員はすぐに辞めてしまう。そして、中間管理職の多くが「近頃の若者は、すぐに叱ると辞めてしまう！　人間、石の上にも『三年』でしょう！　人間としてどうかな？」と、嘆くことは珍しくない。

特に、若い世代の意識・価値観に疎い中間管理職は、すぐに「転職」していく若者の思いを理解することができない（福島 二〇一七）。筆者も一九六九年生まれなので、「石の上にも三年」と新社会人の時は係長・管理職に諭されたことがある。

しかし、今は「石の上にも三カ月」となっている。筆者は学生に「ブラック企業」「就職して尊敬・信頼できる上司・先輩がいない」と判断すれば、無理せず「転職」を勧めている。なぜなら、介護業界は「売り手市場」であり、すぐに「転職」先は見つかるからだ。

3　適切な現場リーダーの育成・養成

(1) 安心して卒業生を送り出すためのチェックリスト

筆者は、学生が介護現場への就活に際して、二〇項目の「チェックポイント」を確認するようにアドバイスしている（表序－4）。もちろん、すべて満たされる介護事業所などはありえない。しかし、学生が「ブラック介護事業所」を選ばないために、何らかの尺度となるポイントを示した方がいいと

表序－4　安心して卒業生を送り出すためのチェックリスト

1	ブラック企業か否か？
2	毎年，新入社員の同期がいる（研修があるか否か）？
3	1年目職員のチューター（トレーナー制度）があるか？
4	職員へ認知症・介護技術研修を，しっかり実施しているか？
5	利用者（要介護者）の人権に関する研修を実施しているか（虐待防止研修など）？
6	介護事業所の理念・哲学をしっかり職員に示しているか？
7	定期的に管理職及び職員にパワハラ・セクハラ研修を行っているか？
8	中間管理職の指導者研修を実施しているか？
9	組織で介護福祉士などの資格取得のための研修支援を実施しているか？
10	賞与が年間2回必ずあるか？
11	資格手当・定期昇給はあるか？
12	希望休・有給休暇を若い職員に，優先して取らせる職場雰囲気か？
13	ステップアップの道筋を見せているか？
14	職員のメンタルケアの仕組みがあるか？
15	職員と施設長 or 所長との面談が定期的にあるか？
16	職員と管理職との面談が定期的にあるか？
17	年間休日（公休）が110日以上，もしくは120日あるか否か？
18	介護離職率の現状はどうか（定着率）？
19	新人職員に対して返済義務のある奨学金の助成システム（手当）があるか？
20	組織的に，常時，管理職がリクルート活動を行っているか？

出所：筆者作成。

考えた。

学生が自らの力で就活しても、良質な介護事業所を見分けることは難しい。人が足りない介護事業所は、「是が非でも」人材を確保したい姿勢でいる。一方、学生は事業所訪問・説明会だけでは「耳障り」の良い事だけを聞いて、ブラック企業か否かを見分けることが難しい。そのため、面接試験や説明会・見学会などで、このチェックポイントを頭に入れて臨むことを勧めている。

(2)「介護人材不足倒産」に備えて経営者は正念場

今後の介護事業経営は、いかに「介護人材」を確保、定着させられるかが勝負である。団塊世代がすべて八五歳になる二〇三五年、要介護者の介護ニーズはさらに高まるに違いない。

しかし、いくら「資金」「建物」などを確保できても、働く介護職員がいなければ、介護サービスは提供できない。確かに、ICT・介護機器・介護ロボットも、二〇三五年には多少の開発は進んでいるだろう。しかし、やはり介護職員を確保しない限り事業展開は難しい。

いわば介護人材不足による「倒産」を、いかに回避できるかが経営の分かれ道となる。そのためには、適切な現場リーダーの養成・育成が不可欠であり、優れた中間管理職がいれば介護人材の確保・定着は実現される。外国人介護職員の受け入れにおいても同様である。

4 介護職員不足の要因は高齢者側にも

(1) 変わる高齢者の意識

最近、筆者が介護現場で取材を進めると、「権利意識」の強い要介護者や家族が増えていると実感する。例えば、「私は、介護保険料が、毎月、年金から天引きされるし、自己負担分を一割も支払っている。ヘルパーは『賃金』をもらっているので、しっかりと働いてもらわないと」と、「上から目線」で介護職員に接するのである。しかも、その家族も「介護保険があるから、親の面倒は、ヘルパーや施設に、しっかりと看てもらえるはずだ。ちゃんとやってもらわないと。うちの親は心身の機能が低下しているのだから！」と、支援してもらうのが当然かのように思っている人も珍しくない。

確かに、要介護者やその家族が抱えている問題は深刻で、日々の「介護」生活は大変であろう。だからといって、「看てもらって当然」「ヘルパーを家政婦のように勘違い！」など、利用者側にも「誠意」がなければ、介護職員が辞めてしまう。つまり、労働市場において介護職員が敬遠される背景は高齢者や家族側にも問題があり、結果として「介護職」の魅力を低下させている。

(2) 利用者による「セクハラ」被害

ようやく利用者による介護職員への「セクハラ」問題が顕在化されてきた。例えば、七〇代後半の要介護二の高齢者から、毎回、介助中「胸」を触られる経験があったという話を聞いたことがある。その要介護者は、杖歩行ながら部屋の中は自力で移動することが可能であったが、入浴時はバランスを崩すことがあるため「全介助」とは言わないまでも、支える程度の入浴介助が必要であった。

別のケースでは、セクハラ的発言、例えば「おっぱい触らせて」といったように、冗談まじりで介助中に話しかけられた事もあったという。被害に遭う介護職員自身、「『止めてください』と言ってよいのか？」と自問し我慢しながら仕事を続け、どうしても耐えられなくなると「職」を辞めてしまう。

（3）支えられ上手になること

確かに、認知症といった病気によって、介護職員への対応が不条理だったり問題行動として表面化していくのであれば、認知症ケアによって何らかの対応も可能であろう。しかし、単に身体機能が低下し要介護一もしくは二といったケースでは、例えば、ヘルパーの介助時に、高齢者やその家族が「全く挨拶もしない」「細かいことで文句を言う」「掃除や洗濯など粗を探して批判する」といった振る舞いをしていたら、希少価値となっている介護職員は、手のかからない高齢者を選ぶようになる。

「介護」とは、介護職員と高齢者との信頼関係によって成り立つものである。いくら専門職とはいえ、社会的マナーが欠ける利用者や家族に対しては敬遠しがちになる。しかし、「愛想が良い高齢者」「いつも感謝する家族」などのケースでは、介護職員も自然とやりがいが生じ、仕事にも前向きになっていく。介護業界に限らず、日常的な経済活動においても、「売り手」と「買い手」との間には「ホスピタリティ（もてなし）」といったことが重視される。

利用者も感謝の気持ちを忘れず、その思いが介護職員に伝わることで、両者の間で「相互満足度」を高めていくべきである。

注

（1）筆者による某社会福祉法人の管理職へのインタビュー（二〇一九年七月二九日）。

参考文献

福島創太（二〇一七）『ゆとり世代はなぜ転職をくり返すのか？——キャリア思考と自己責任の罠』筑摩書房。

（結城康博）

第Ⅰ部　介護職員を悩ませる問題——現場からの報告

第1章　「福祉」という美名がもたらす不条理
――利用者・上司のハラスメントが生じる構造

1　「奉仕」から「労働」へ――自己犠牲・精神論から脱却できない人々

(1) 周回遅れの人材確保問題はいつまで続くのか

本章では、いまだに解消しない介護現場の人材不足について、その背景を概観しながら「介護労働の奇妙さ」に触れていく。その中でも介護現場が直視してこなかった介護現場でのハラスメントや、介護現場のリーダー（以下、リーダー）に求められるストレスマネジメントのあり方について述べる。

介護人材不足が社会問題視されてから一〇年以上経過している。介護労働安定センターの二〇〇九年度介護労働実態調査の中に「介護職員の不足感」の項目を設けたところ、六三・〇%が「介護職不足」だと回答されていた。この調査時は、介護労働に関する社会的評価の低さが問題視されはじめた時期でもある。二〇〇二年初めから始まった景気回復によって多くの産業で求人が増え、産業全体と比較した平均所得差が一〇万円以上も低いとされる介護分野では、おいそれと他産業との競争に勝つことはできなかった。

景気が悪くなると介護分野に人が流れると言われていたのは過去の話となり、二〇〇七年のリーマンショック後も介護分野の人手不足が解消されることはなかった。このことは二〇〇七年頃に「介護現場の深刻な実態」をメディアで取り上げられ、社会に介護業界のマイナスイメージが定着したためともいわれている。時を同じくして、介護現場の過酷な労働は３Ｋ（きつい・きたない・きけん）と表現されるようになり、さらには４Ｋや５Ｋの介護現場とも皮肉られた。しかしながら、要介護高齢者の増加に伴い介護事業所も増え続け、現在も介護人材確保は至難の業となっている。

(2) ステレオタイプ化された「愛の労働」

介護保険制度施行には、措置時代の体質を変革するチャンスと捉えた見方も広がり、介護現場の膿を出したいという思いが強く出たリアルな表現による指摘も相次いだ。岡田ら（二〇〇八）は、一般企業との比較によって「介護業界の奇妙さ」を浮き彫りにし、ジェットコースターのようなめまぐるしい変化が起きやすい職場環境で、不安定な介護サービスの質や理想と現実の狭間で押しつぶされる職員の姿について述べている。

また、「介護現場では、恐ろしく前近代的な教育方法で、勘に頼ったいい加減な人材育成が長年に渡って続けられてきた」（岡田ら二〇〇八：三七）と指摘されるように、介護現場では、人材育成もままならない状態が慢性的に続いていた。人手不足によって介護職員のサービス残業が常態化し、「利用者のために」という常套句を持ち出し、介護職員を心身ともに縛り疲弊していく劣悪な労働環境におくことも珍しくなかった。介護職員は「利用者のために」という言葉に「絡め取られた」ように、自分のことを二の次にして利用者を最優先することを良しとする自己犠牲の姿を示すことを強要され、賃金の発生しないサービス残業やボランティア精神を求められてきた。

つまり、介護は「愛の労働」と公言し、愛の労働ゆえ賃金の話や労働条件交渉などは醜いとするステレオタイプ化したイメージが植え付けられてきたのである。高木（二〇〇八：二五）は、介護職員は自己暗示をかけ、「作られたイメージ」によって抑圧された労働環境を強いられることに言及している。

これらは、つい一〇年ほど前まで日本に存在していた介護現場の実態であり、この歴史を直視するとともに、二度とこのような時代に戻ってはならないのである。介護現場においては、「私たちの時代は」と古き介護労働観を押し付けない、介護人材を潰さない新時代の組織づくりが必要である。

2　利用者・上司のハラスメント——抑圧と理不尽な要求

（1）利用者やその家族等から受けるハラスメント

井上ら（一九九七）は、介護保険制度施行前のホームヘルパーを対象とした、セクシャルハラスメントの実態について明らかにしている。当時は、このような事態があっても、それはヘルパー個人の対処能力の無さなどの問題として片づけられ、ヘルパーは泣き寝入りせざるを得なかった。その約一〇年後に篠崎（二〇〇八）は、介護労働者への人権侵害として「ケア・ハラスメント」を位置づけ、利用者およびその家族から受ける様々な嫌がらせについて述べている。

介護保険制度施行により、利用者の介護サービスに対する権利意識の向上とともに、「お金を払っている」という意識からか、介護職員が利用者やその家族から理不尽なことを言われる場面も増加したようである。しかしながら、介護保険制度が対等な契約関係によるとされても、介護職員側は、理不尽な要求であると思いながらも耐えざるを得ない状況は、一〇年前と大きく違いはなかった。

吉田（二〇〇九）は、特別養護老人ホームの介護職員を対象にした調査から、七割以上が利用者やその家族からハラスメントを受けたとする「施設ハラスメント」の存在を明らかにした。

この調査において、女性介護職員は「いきなり腹部に足蹴りを受けた」「顔を殴られた」「唾を顔にかけられた」などの事例が挙げられ、男性介護職員も「つねられたところが皮下出血できることはちょくちょくある」「目の周囲を殴られた」の被害を報告していた。この状況をどのように考えるかについて、男性介護職員は「あってはならない」が最も多かった。一方、女性介護職員では「仕方ない」が最も多く、この調査からは「どうせ言ってもしょうがない」とする諦めの気持ちを、介護職員は持たざるを得なくなっていると推測された。同時に、女性介護職員の八割以上が事業に対して「何とかしてほしい」と必死に環境改善を要求していることもわかった。これらは、施設ハラスメントへの個人的対応の限界を感じている状況といえる。

当時の一般社会のハラスメントに対する意識は低く、女性蔑視によるセクシャルハラスメントなどが語られる程度で、ハラスメント被害者のほとんどは泣き寝入りの状態であった。このような状況が一変したのは、二〇一八年に日本介護クラフトユニオンによる実態調査から、介護職員が被るハラスメントのうち利用者によるものが七割であることが明らかになってからである。これがきっかけとなり、ついに厚生労働省が動き、ハラスメントの全国調査が行われた。その結果、介護サービス事業所の種類によって利用者から受けたハラスメント経験の割合に差はあるものの、四〜七割程度であることが確認された。この調査で注目すべきは、ハラスメントを受けた介護職員の八割が上司や同僚に相談しているものの、そのうち四三％が相談しても変わらなかったと回答している点である。

表1-1 ハラスメントの類型

パワハラの類型	パワハラの具体的内容
身体的な攻撃	蹴ったり，殴ったり，体に危害を加えるパワハラ
精神的な攻撃	侮辱，暴言など精神的な攻撃を加えるパワハラ
人間関係からの切り離し	仲間外れや無視など個人を疎外するパワハラ
過大な要求	遂行不可能な業務を押し付けるパワハラ
過小な要求	本来の仕事を取り上げるパワハラ
個の侵害	個人のプライバシーを侵害するパワハラ

出所：厚生労働省「あかるい職場応援団」(2019年7月15日閲覧)。

(2) 職場内のハラスメント

職場でのハラスメントの種類は、数えきれないほどあるといわれている。その代表的なものが、セクシャルハラスメント(以下、セクハラ)やパワーハラスメント(以下、パワハラ)であろう。二〇一九年五月二九日に改正労働施策総合推進法が成立し、第三〇条の二第一項において「職場において行われる優越的な関係を背景とした言動であって、業務上必要かつ相当な範囲を超えたものによりその雇用する労働者の就業環境が害されること」とパワハラが定義されている。この改正法以降、職場でのパワハラ防止に向けて一層の環境整備が図られることになった。

パワハラの内容は、上司が部下に対する行為と想像されがちであるが、同僚間や部下から上司に対するものも含まれている。厚生労働省はホームページ内に「あかるい職場応援団」というコーナーを開設し、職場のパワーハラスメント対策を講じている。そして、この中でパワハラの類型が示されている(表1-1)。

3　介護労働は感情労働——ハラスメントが無くても生じるストレス

(1) 介護職員のコミュニケーションと苦悩

一般的な加齢による聴覚機能低下を起因とするコミュニケーション障害に関しては、介護職員の大きなストレスとして取り上げられることは多くない。一方、認知機能や言語機能に障害がある認知症の人が多くを占める介護現場では、介護職員には利用者とのコミュニケーションに関するストレスが日常的に存在している。介護現場では利用者とのコミュニケーションが成立せず、例えば会話継続困難性や唐突な会話の転換、会話の破綻などがよく起こっている。

認知症の人とのコミュニケーションにおいては、介護職員は話し手の意図を推測することを多分に行わなければならず、話し手の意図を探り当てるまで推測が長時間続くこともあり、介護労働者は自覚のある無しにかかわらず、非常に大きなストレスを受ける状況に陥っていると考えられる（図1-1）。

(2) 介護職員が体験する感情労働

吉田（二〇一四）は介護労働を感情労働であると捉え、介護職員が業務を遂行する中で、利用者や

図１－１　介護労働者の内側にあるストレス

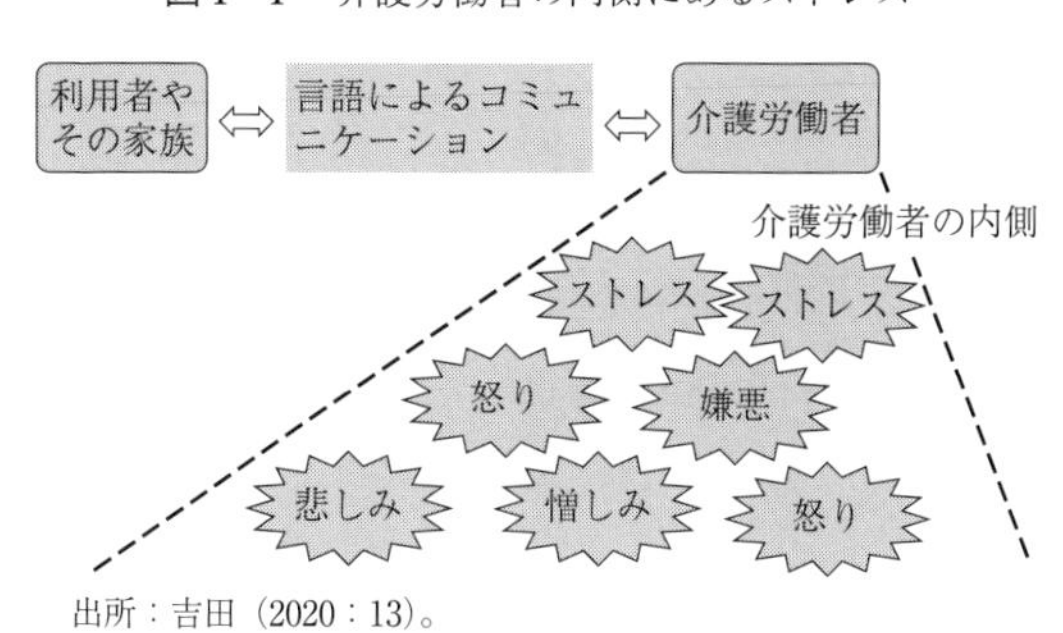

出所：吉田（2020：13)。

その家族からの言葉による傷つきを体験していることに言及している。利用者やその家族の言葉によって傷ついたと感じることは、介護職員の主観であり個人差は否めないものである。しかしながら吉田（二〇一四）では、介護職員が利用者から「バカ、死ね！」「二度と来るな！」などの罵声を浴びたり、「言葉とともに手足だけで叩く、蹴る、唾をかける」「言葉とともに平手打ちされた」などの暴力を受けたりしている実態が明らかにされている。

さらに吉田（二〇一四）は、介護支援専門員についても同様の調査により介護職員と比較した結果、特徴的なこととして、介護支援専門員は利用者の家族からの言葉による傷つきが多いと分析している。介護支援専門員は、利用者の家族から「金ばかり取って」などとサービスに対する不満を向けられたり、「早く施設に入れてくれないと親を殺すぞ」「何かあったら訴えるから」などと理不尽な言葉を言われたりしている。

介護職員は利用者やその家族からの言葉によって、日常的に傷つきを体験していることから、業務中にこれらがストレスとなる

図1－2　介護労働者と感情労働

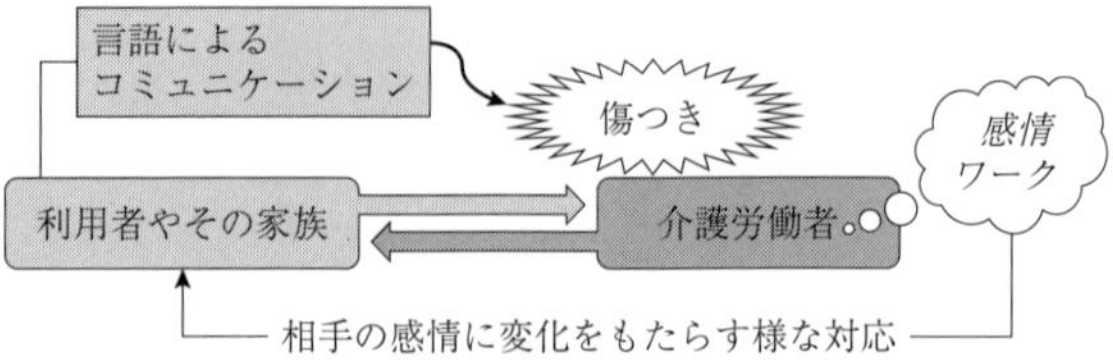

言語による
コミュニケーション
傷つき
感情
ワーク
利用者やその家族
介護労働者
相手の感情に変化をもたらす様な対応

出所：吉田（2014：230）を筆者修正。

ことは否めないのだが、介護職員はその現場から逃避することなく、利用者やその家族と向き合い続けている実態も明らかにされている（吉田二〇一四）。これらによって介護職員は、罵声や暴力を受けるストレスとそのことが無かったように振る舞い続けるストレスといった、二重のストレスを被っていると考えられる。介護職員は、このような二重のストレスを抱えながら、罵声を浴びせたり暴力を振るいながら怒りを表出する利用者やその家族に接し続けるのである。

このような状況下でさらに介護職員は、相手の怒りなどの感情を変化させることを求められている。例えば、利用者やその家族が表出していた怒りの感情を感謝の感情に変化させたり、帰宅願望によって悲しみの感情に襲われている利用者を笑顔にして朗らかな感情に変化させるなどである（図1－2）。

介護職員の内面で行われているこれらの労働は、介護職員が意図的に行っているのか、あるいは無意識的に行われているのかは別にして、介護職員が利用者やその家族との関わりにおいて実践している感情労働といえる。感情労働とは、ホックシールドによって提唱されたものである

（Hochschild 1982）。介護労働は感情労働であるとするならば、利用者やその家族による罵声や暴言などのストレスに対応できる感情コントロールが介護職員に求められているといえる。

4　介護現場のハラスメントがもたらすもの

今までの考察をまとめると、介護職員が被るハラスメントには、職場の人間関係の中で起こるハラスメントと、介護サービス提供中に利用者やその家族から被るハラスメントの二種類があるといえる。これらのハラスメントを被った介護職員は、強いストレス状態に陥る。このストレスは、当然のことながら介護職員の心身へ影響を及ぼし、最悪の場合、うつ病を発症したり高齢者虐待などを引き起こしてしまう。介護職員のうつ病による病気休暇や高齢者への加害行為によって、当事者が介護現場を離れてしまうケースは珍しくない。

そして、このような事態は当事者だけの問題にとどまらず、残された職員がさらなる人員不足の中で介護業務を遂行することとなり、当然ながら残された職員にとっては労働過多の状況となる。周知の通り介護現場は人材確保がままならず、退職者の補充が迅速にできる環境とは言い難いのが現状である。人的余裕の無い介護現場において、うつ病による長期休暇・退職や高齢者虐待による加害者の退職などは、残された介護職員のストレスを招き、さらに介護現場が疲弊していくことが想定される

図1－3　介護労働ハラスメントの悪循環

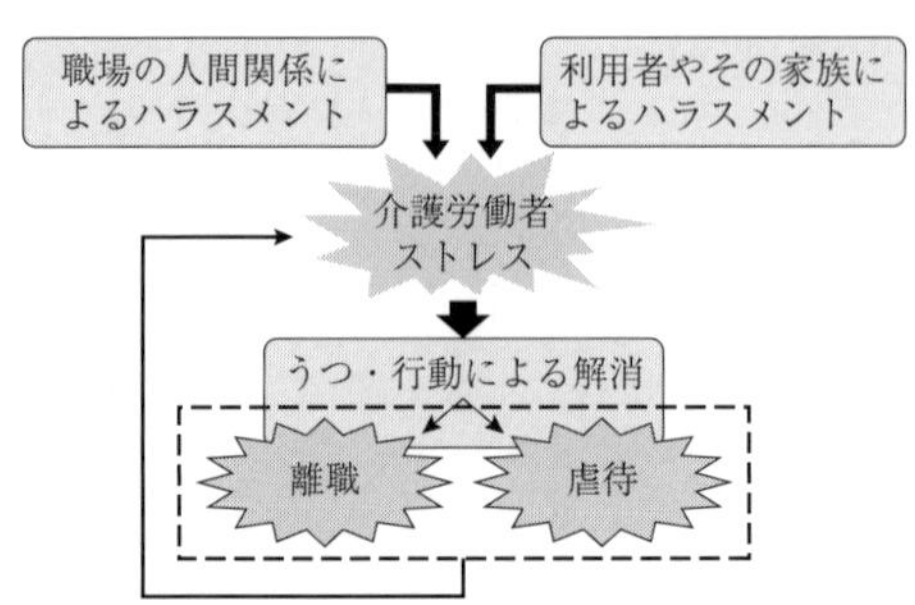

出所：吉田（2020：27）を筆者修正。

（図1－3）。

介護現場のハラスメントは、いじめそのものである。いじめは子どもも社会の問題だけではなく、残念ながら大人になりきれない精神的に未成熟な大人たちによって引き起こされるといえる。いじめが蔓延する労働環境の中では、魅力ある労働が実現するはずもなく、本来であれば多くの人々の幸福を追求するものであるはずの「介護」も、理想とは程遠い状態に陥ってしまう事になる。

5　介護現場のリーダーが実践すべきストレスマネジメント

（1）介護現場のリーダーが直視すべき介護労働の実態

介護人材確保に苦労している介護現場であるが、リクルート時に介護の魅力だけを伝え、入職後にミスマッチを起こして離職した事例もある。ミスマッチを防止するためにも、介護は感情労働であるがゆえ、当然ストレスも発生するという事実も伝えるべきであろう。そのストレスマネジメントにリーダーたちは取り組み、介護現場のハラスメントを解決していかなければならない。

そこで、厚生労働省（二〇一九）による全産業を対象とした「職場のパワーハラスメント防止対策」の影響を受け、「介護現場におけるハラスメント対策マニュアル」が作成された（三菱総合研究所 二〇一九）。これらによって、ようやく国や社会から介護職員の被るハラスメントの存在が認められたといえるだろう。なお三菱総合研究所（二〇一九）では、介護現場におけるハラスメントを「介護労働者が、利用者やその家族等から受ける身体的暴力、精神的暴力及びセクシャルハラスメント」と定義している。

図１－４　ストレスマネジメントの取り組み方――セルフケアとラインケアの関係から

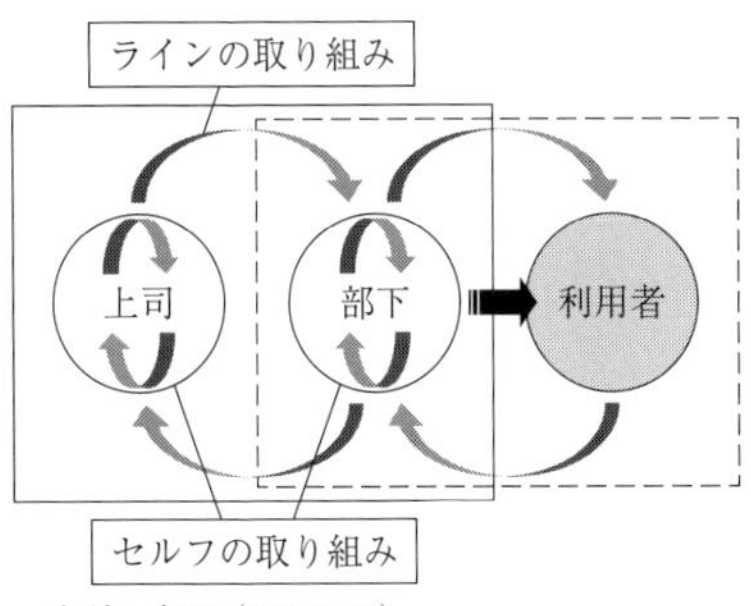

出所：吉田（2020：19）。

（2）介護現場のリーダーが習得すべき「ラインケア」と「セルフケア」

組織のストレスマネジメントは、リーダーたちが部下のストレスマネジメント対策を講じる「ラインケア」の体制と、介護職員それぞれが自らに合ったストレス対処法を身に付ける「セルフケア」との両輪で行っていくものである（図１－４）。組織のリーダーには、ハラスメントを被ってしまった介護職員をケアするための力が求められる。

これまでのストレスケアは「セルフケア」に偏りがちで、介護職員個人の責務にされがちであった。しかし、現在ではストレスを未然に防ぐ能力やストレスを受けた者へのケアも、リーダーに求められる「ラインケア」の取り組みとして整備する必要がある。

ストレスフルな状態にある介護職員を救うためにも、介護職員一人ひとりを大切にした言葉をかけることができるリーダーの存在が必要である。そのため、リーダーたちが身に付けるべき能力として、部下面談のためのコミュニケーションスキルがある。リーダーの高いコミュニケーション力は、職場の雰囲気や人間関係を良好にコントロールし、介護職員の働きやすさを創造することにつながっていくのである。

6　介護環境は成長するための土壌である

残念ながら、自らが新人の頃に教えてもらった方法しか知らずに、「自分たちはこうだったから」とハラスメントを自覚せずに、部下の育成をしているリーダーの存在も散見される。ハラスメントを正当化したリーダーによって、ハラスメントの連鎖が止まらない職場環境になっていないか、立ち止まって考えてほしい。

豊かな人間関係を構築していくはずの介護労働において、人間関係が脅かされるような職場環境の中では、良い介護サービスの提供は不可能となる。職場環境は、介護職員にとって人として成長するための土壌である。よき土壌がよき介護職員を育てていくのである。そのよき土壌づくりは、リーダー層の手腕にかかっているといっても過言でない。精神論だけで介護現場はどうにもならないのである。介護職員一人ひとりを大切にしていく、「個育て」への発想転換がリーダーに求められている。

参考文献

井上千津子・谷口幸一・松葉清子・原田和幸（一九九七）「ホームヘルパーの介護ストレスに関する研究――セクシュアルハラスメントの実態」『東海大学健康科学部紀要』三、三一－三八頁。

岡田耕一郎・岡田浩子（二〇〇八）『だから職員が辞めていく――施設介護マネジメントの失敗に学ぶ』環境新聞社。

介護労働安定センター「平成二一年度　介護労働実態調査結果について」（二〇一九年七月一五日閲覧）。

厚生労働省「あかるい職場応援団」（二〇一九年七月一五日閲覧）。

篠崎良勝（二〇〇八）『介護労働学入門――ケア・ハラスメントの実態を通して』一橋出版。

高木博史（二〇〇八）『介護労働者問題はなぜ語られなかったのか』本の泉社。

内閣府政策統括官室（二〇〇七）「日本経済二〇〇七―二〇〇八――景気回復六年目の試練」（二〇一九年七月一五日閲覧）。

三菱総合研究所（二〇一九）「介護現場におけるハラスメント対策マニュアル」（二〇一九年七月一五日閲覧）。

吉田輝美（二〇〇九）「介護労働者の労働環境支援についての一考察——施設ケアハラスメントの現状を踏まえて」『仙台白百合女子大学紀要』一三、九一－一〇六頁。

吉田輝美（二〇一四）『感情労働としての介護労働——介護サービス従事者の感情コントロール技術と精神的支援の方法』旬報社。

吉田輝美（二〇二〇）「〝感情〟を大切に扱うリーダーの育成と組織づくり」『介護人材』一七（一）、一〇－一八頁。

Hochschild, A. H.（1982）*The Managed Heart : Commercialization of Human Feeling*, University of California Press.（＝二〇〇八、石川准・室伏亜希訳『管理される心——感情が商品になるとき』世界思想社。）


（吉田輝美）

第2章　職員間で共有化できない介護観と相性の不一致
——職場のコミュニケーション不足が招く問題

1　なぜ人間関係を損ねる派閥ができるのか——介護観・相性の調整不足

（1）人間関係の調整は必然の作業

介護現場のリーダー（以下、リーダー）は、職場のコミュニケーション不足がさらに問題を大きくさせてしまう介護観や相性の不一致という問題を解決するために、調整役として機能を果たす事が求められている。しかし、この調整は難しい問題である。仮に調整ができなかった場合、介護職員（以下、職員）間で派閥が生じ人間関係が悪化し、結果として辞める職員が出てきてしまうケースが多い。この場合、リーダーが調整役を果たしきれていない事も要因の一つと考えられる。

働く職員がそれぞれの立場や思いを互いに理解し合う事は前提だが、問題が起きても早くに調整してくれる存在（リーダー）がいてくれることで、働きやすい職場が作られるのではないだろうか。

(2) 職員の異なる介護観を知る機会の重要性

介護の仕事に就く時に、面接で「あなたは、どんな介護をしたいですか」と聞かれたことはないだろうか。「どんな介護をしたいか」という問いは、介護の仕事に携わる上で何を大切にしているかという自分の介護観を聞いている問いでもあり、皆それぞれ自分の介護観を持っている。

しかし、職員の介護観を知っているのは面接官をしていた理事長や施設長・人事担当者だけであって、これから一緒に現場で働く仲間は知らない。筆者も実際にどんな思いで上司や部下、仲間が介護の仕事に就いたのかは、交流会と称する飲み会を先輩が開いてくれたことがきっかけで知る事ができた。交流会を通して、先輩や仲間の色々な思いや介護を志したきっかけを聞くことができたのである。当然といえば当然だが、実際に直接話してみないとお互いの思い・介護観は実感できないものである。

また、仕事上で意見や考え方の違いを感じた時も、前述の交流会のような経験をしていると、その違いを受け入れやすくなる。相手の介護観がわからないまま意見が食い違った場合には、互いに自分の介護観を押し付けてしまい、仲違いしたり各々が派閥を作って対立する構造を生み出す原因となるだろう。介護にはどのような場でも通用する「正解」がないので、意見が分かれてしまうことは十分にありえる。だからこそ、リーダーには職員間の関係・思いを調整する必要があるのだ。

2　新人職員への指導と派閥の形成

(1) 異なる指導を受けた新人職員の事例

利用者へのケアの方法をめぐって意見が対立するのは、現場ではよく起こることである。本項では、食事介助を例に考える。利用者が食事を半分ぐらい食べたところで「もうお腹がいっぱい」と言ってきた場合に、どのように考えて対応するだろうか。

日頃の利用者の食事量や訴えを知らない新人職員が食事介助をしていた場合、「お腹がいっぱい」と言われたら、言葉通り受け止めて食事介助を終了するだろう。相手の立場に立って物事を考えて対応した結果である。しかし、利用者の事を知悉した長い職員は異なる対応をすることも考えられる。

例えば、食事は終了せずに声掛けをしながら介助を続ける。それは、その利用者は味が好みでなければ「お腹がいっぱい」と言うのが口癖であることを知っているからだ。引き続き食事を摂ることは十分可能であり、栄養面からもそうした方が良いことを過去の関わりから学習しているのである。しかし、このような予備知識の無い新人職員は怒られて「なんで食べさせないの。食べられるのだから勝手に終わりにしないで」と言われてしまう。

これだけでも、新人職員は「そのような話を聞いていないので、わからない」と不満を持っても不思議ではない状況だが、複数のメンバーで介護を行う現場では、皆さんもよくご存知のように、状況はさらにややこしくなることが多い。前述したような注意を言われて数日後、同じ利用者の食事介助をしている時に、別の職員から「『お腹がいっぱい』と言っているなら無理に食べさせなくていいよ、食べられる時に食べればいいよ」と言われる可能性が高いのである。

この結果、新人職員としては同じ意見を持つ職員に良い印象を持ち、注意した職員に悪い印象を持つことになる。そして、このような事例は、人間関係のバランスを崩す要因の端緒となることが多い。

(2) 新人指導がきっかけで形成される派閥

前項で取り上げた事例のように、新人職員への指導は、職員同士の介護観・仕事の取り組み方を浮き彫りにしてしまう可能性が高い。そして、新人職員がどちらの意見を取り入れるのかという点に焦点が合わせられがちになり争いが生じ、そこに日頃の人間関係が加味されることで派閥が生じるのではないかと思う。

新人職員が、一通り色々な職員から指導を受けて、それぞれのやり方が違うために困惑し、状況の改善を求め「○○さんはこんな風にやっていました」と指導してくれた職員の一人に伝えたところから問題は起きる。経験年数や介護観が違えば、介助の方法や声掛けも異なるだろう。

新人職員から言われた職員は自分が間違っているかもしれないと思い、他の職員にケアの方法を尋ねる。自分も同じように対応していると言われた場合には、共感し合えた職員同士は結びつき、違う対応方法の職員について打ち明けるだろう。その場合、「新人の子から、○○さんはこんな風にやっていると聞いたんだけどさ、それってどう思う?」と、○○さんのやり方を否定する発言をしてほしいという期待がとてもにじみ出た質問がまず切り出され、やり方を否定する方向に話が進むことが多い。そして、この繰り返しが介護観や指導方法が異なることを起因とする派閥を生み出す。

ここで、タイミングよくリーダーが双方の納得する形で的確にチーム全体の方針をまとめて職員全員に周知徹底することができれば、チーム内で派閥は作られずにすみ、新人職員への指導方法や利用者へのケアについて考える機会ができたことによる効果がもたらされ、チームは成長するだろう。疑問を職員がリーダーに伝えることが前提ではあるが、悪口として終えてしまわないように日頃から相談しやすいリーダーになっておく必要がある。またそういった問題が起きる前に、ＯＪＴ制度を導入して指導係を決めることも必要だ（厚生労働省 二〇二一）。

3　適切な指導・評価が派閥を防ぐ

（１）新人職員との気持ちの共有と指導方針の統一

なぜ利用者にこのような介助をするのかという根拠を聞けず、業務の流れや介助の仕方を覚えて、あっという間に一人で勤務につくことになるのは、本来望ましいことではないが、よくあることであろう。育ててもらう時間も育てられる時間も事業所の方針によって違う。ＯＪＴ制度があれば、様子を見て一定程度の適切な評価がなされた上で能力に応じた勤務を担当することも可能であろう。

一方、ＯＪＴ制度を設けていない事業所は一定期間の指導を受けたら、一人で業務に就くことになる。業務を教えることが先行し、介助方法の根拠や様々な対応方法については、十分に指導されていない可能性がある。後に、その新人職員が中堅職員になった時には「自分も事業所ではこのように育てられたから」と言って、適切な評価がされないまま負の連鎖が続いてしまうのである。

指導に携わる職員は、研修会に積極的に参加して指導力を高め、チームごとに新人ガイドマニュアルを作成したり、中堅職員やリーダー向けに新人に対する心得などを職員間で共有する時間を作るべきである。

どこかで変わらなければ、前述したように新人職員が中堅になった時に同じことを繰り返すだろう。指導する時は何がわからないかを想像し寄り添うように教えること、相手がどうしたら理解してくれるか考えること、という二点を意識するだけでも状況は大きく変わる可能性はある。そして、このような教え方をすると、教える側も一緒に育つことができる。その結果、教える側と教えられる側の間に信頼関係に基づく人間関係の構築につながる。

（2）自分は「中堅職員」であるという自覚の醸成

中堅職員とは、何年目の職員のことを指すのか。事業所によって中堅社員の捉え方は異なるだろう。一般的には三年目から七年目とするようだ。新人の時期を終えて、次に管理職などの大きな役職を任されるまで、新人職員と上司の間を取り持つ役割や新人職員の指導をする立場を担う中堅職員の役割は重要である。ただ、介護職の場合、新人職員が入ってくれば三年目にならずとも自然と中堅職員扱いになることがある。

新人職員が入れば三年にならずとも上司は急に中堅職員扱いしてくるが、経験年数も浅く評価もされず自然と中堅職員になってしまうのは不安だろう。

十分な時間と経験を積むことができる職場で働いた中堅職員がいれば、事業所自体もリーダー候補がいて安心だろう。事業所によってキャリアモデルがあるはずなので、この点を踏まえリーダーは、中堅職員には明確に自分が今どの時点にいるのか示すとともに将来の管理職候補として期待していることを伝えるべきである。そして、新人職員の時は言えなかった自分の視点による新しい意見をどんどん打ち出していく存在になる事を期待していることも、合わせて伝えると良い。これは、冒頭で示した「調整役」の養成ともいえる取り組みである。

(3) ベテラン職員は自分の教わったやり方や介護観を押し付けない

① 自分が教わった指導が良い指導方法とは限らない

ベテラン職員がどのような考え方で教わってきたかという事も、人間関係を損ねる要因の一つだと思われる。業務を教わった時に自分が辛い思いをしながら教わったのだから、新人・中堅職員も同じように教えることが良い指導方法だと思うか。それとも、自分が辛かったのであれば、辛い思いをさせないようにと思い指導するのか。良い指導方法の考え方は教える人によって異なる。

介護現場において判断や予測する能力を持ち合わせているベテラン職員から学ぶことは多いので、積極的に若い（経験年数の少ない）職員に話しかけると、チーム全体に良い影響をもたらすことが多い。しかし、言い方のきつい、自分の教わったやり方や介護観を押し付ける職員になってしまうと、逆効果になりかねない。

新人職員や中堅職員だった頃に、人からほめられて嬉しかったことや辛かったことは覚えているのではないだろうか。新人のわからない気持ちを理解しながら教えてくれて、自分のできなかったエピソードも交えてくれるベテラン職員がいるチームは、職員が良い意味で安心して業務に取り組むことができるチームといえる。ベテラン職員にも同じような時期があり、悩みを解決しながら業務に携わってきたのだと知ることで、いくらか気持ちが楽になれるだろう。ベテラン職員は新人・中堅職員になった時の気持ちで相手の立場になって考えた言動をした方が、チーム全体でみれば好ましいのは間違いない。

ベテラン職員よりもリーダーが年下で経験が浅いことがあるが、このような場合、経験からくる自信によって自分のやり方や介護観を押し通そうとするベテラン職員が散見される。チームの中でベテラン職員だけが自分流のやり方を黙認されて、新人・中堅職員はチームの方針に従うことを求められてしまう状況を放置すれば、新人・中堅職員は積極的に意見を出さなくなり、チームの雰囲気は停滞してしまうだろう。そのため、このような場合、リーダーは言いづらければ、自分より上の役職の幹部に会議に参加してもらったり、内部研修を開催し、このような状況を打開する取り組みが求められる。

②　新人・中堅・ベテラン職員すべてが「チーム」で働くことを意識する

施設内研修を行い、新人・中堅・ベテラン職員が一つのグループになり、課題解決に向けてそれぞれの案を出し合い、お互いの考え方をわかり合う機会を作る場を設けることも、状況を打開するための方法の一つである。新人・中堅・ベテラン職員それぞれの視点で物事を考え、お互いを理解し合う。このような取り組みを回を重ねて行うことができれば、ベテラン職員の介護観や新人・中堅職員への関わり方をより相対的に捉えられるようになるとともに、柔軟に自分の業務に取り込むことがより容易になり、チーム内で派閥が生じるリスクを、より抑えられるだろう。

4　利用者・仲間で態度を使い分けない——介護職員に求められる公平な態度

(1) 職員が気持ちよく働くためにも役立つ接遇マナー

① 丁寧なコミュニケーションは関係を良くする

介護職員として働く中で接遇マナーの研修を受けたことがあるだろうか。介護の仕事とは人と人との関わりであるため、接遇は全職員が受ける必要があると考える。二〇〇〇年に始まった介護保険制度によって、今まで利用者が事業所を選べることができなかった時代から選ぶことができる時代へと変わった（厚生労働省老健局 二〇一六）。対応の良い施設が選ばれる時代になり、対応の悪い施設は利用者や家族、退職した職員の口コミによって選ばれなくなるだろう。対応が良いというのは、介護技術だけではない。利用者や家族は丁寧な声掛けや対応をしてくれることを望んでいる。具体的には、言葉遣いや挨拶の仕方・礼儀作法などであり、職員の丁寧なコミュニケーションによって、この施設で最後まで暮らしたいと思われるものだ。

そして、利用者や家族にこのような対応ができるのであれば、職員にも同じようにできるのではないかと考える。職員と目を合わせて大きな声で挨拶をしたり、すれ違う際に「お疲れ様」の一声をかけるなど、日頃から挨拶を欠かさずに気持ちよく過ごせる職場環境を醸成する。それで職員同士のコミュニケーションが良くなり、仕事がスムーズになる。丁寧なコミュニケーションは、チームの信頼関係を築くためにも必要といえる。

②　職員任せではなく施設で「接遇」は統一する

利用者を人生の先輩であるという姿勢を持ち、○○さんと呼び敬語で接することを良い関わり方だとする人もいれば、利用者と家族や友人のように親しい関係を築くことを良い関わり方であると考え、あだ名で呼び合うことが良いと感じて接する職員もいる。施設の中で「○○くんや○○ちゃんはやめましょう」と方針が決まっていればリーダーも統一しやすいが、方針が無い場合はそれぞれの職員によって言葉遣いや態度が異なるため、職員任せになってしまう。

若い職員は経験も浅く挨拶がぎこちないものになりがちであり、一方、ベテラン職員は親しみすぎてしまう傾向があるので、研修等を通して「接遇」を学び、現在のコミュニケーションを見直す機会を持つのは効果的だと思われる。「接遇」は上司や先輩、後輩施設の上司、先輩や後輩等のあらゆる関係において役立つマナーでもある。

(2)　雰囲気は利用者や家族にも伝わる

実際に施設を見学して雰囲気を感じて決める人も多い。働いている職員の明るい挨拶や利用者に対しての声掛けや態度、入居している利用者の身なり、環境面などあらゆるものを観察して自分の両親や自分自身がここで暮らしていけるかを判断する。

明るく大きな声で挨拶をされると良い印象を受けるが、反対に挨拶をしても返事がない来客に気づかない施設もある。介護に忙しくて余裕がない職員を目の当たりにすれば、自分の親もあんな風に対応されるのであれば、もっと親身に接してくれる施設を探したいと思うものだ。

職員の中に利用者には優しく笑顔で接しているが、中には高圧的な態度で接している人もいるのではないだろうか。そこで暮らす利用者は職員の動きをよく見ていて会話も聞いているので、利用者から家族の耳に入ることもある。職員同士の人間関係の悪さは雰囲気で伝わるので、リーダーはチームの雰囲気を良くするために、日頃から職員に気さくに声を掛けてよい雰囲気づくりを心がけるべきである。利用者と職員を分け隔てなく接することが働きやすい職場を作り、信頼される施設として選ばれることにつながるはずである。

5　業務分担推進によるコミュニケーションの活性化

――現場リーダーに求められる役割

(1) 報告・連絡・相談から雑談・相談を中心としたコミュニケーションへ

① 必要な情報を共有する手段や仕組みを作る

仕事の基本は報告・連絡・相談（ホウ・レン・ソウ）である。特に介護の現場では迅速な報告・連絡・相談は欠かせない。利用者の状態を共有する必要がある。しかし報告・連絡・相談がうまくできず業務に支障をきたして、職員関係が悪化してしまうことがある。リーダーを見ていると業務で忙しいのに相談をしてもよいのか躊躇してしまい、結果として勝手な判断で行動したと思われて「なんでもっと早く相談しなかったの」と注意されてしまう事態を招いてしまうのは、このような例の一つである。

報告・連絡・相談において、何を伝えるべきか、その優先順位が明確化されていないのが、このような事案が生じる理由の一つかもしれない。このような場合、チーム会議を開いて情報共有についても全員で理解する必要がある。また、相談するタイミングがわからずに職員個人の判断で決めてしまう理由は、リーダーが職員の業務の進行状況を理解していないことにも原因がある。そのため、各々の仕事を明確にして、業務の進行状況やそれぞれの起こっている課題について知る必要がある。

②　日々の言葉がけが働きやすいチームを作る

あらかじめ限られた人員で効率的に業務を行うためには、業務内容や業務をする上での困りごとや気になる点について、チーム全員で理解して解決をした方がよい。日頃から利用者の介護において自分が悩んでいることや気になることがあれば、気軽に雑談・相談できる状態をリーダーは構築する必要がある（倉貫 二〇一九）。改まって時間を取ってもらい、きちんと伝えなければならないとなると、伝える側もハードルが高くなるが、雑談・相談であれば気さくに、いつ相談してもよいという印象を持たれやすい。コミュニケーションが多ければ、お互いの職員の介護観や業務を知ることができ、円滑に業務が進む可能性がさらに高まると思われる。

リーダーは日頃から「元気？　困ったことがあれば言ってね」と声をかけていれば、話しかけやすい人という印象が強まるので、困った時に相談してくれるだろう。些細な挨拶や声掛けは、働きやすいチームづくりの第一歩といえる。

（2）「ほめる」を活用したコミュニケーションの活性化

①　リーダーの働きかけ次第で働く職員の意識が変わる

職場を良くしたい、もっと働きやすい職場にしたい、利用者に合ったより良い介護を見つけて最期まで暮らしてもらいたいなどと、働く上で改善していきたいと思うことがあるだろう。このような思いを、日々の業務につなげていく（思いを実現していく）ためには、チームが円満な関係になることから始めるとよいのではないか。

仕事をすれば、少なからず愚痴や悩みがあるものだ。だけど、相談に乗ってくれて励ましてくれる人がいるから頑張れる。リーダーが自分の仕事を見ていてくれて、些細なことにありがとうと感謝の気持ちを伝えてくれる。失敗したら一緒に悩んでくれる、良いところは積極的にほめてくれる。コミュニケーションを重ねるうちに少しずつ、「このリーダーになら色々と話してみよう」という気持ちが芽生えるかもしれない。介護の仕事は一人でできるものではない。早番・日勤・遅番・夜勤と利用者の二四時間を情報共有しながらケアをしているのだ。リーダーの働きかけが、職員を通じて仕事に良い影響をもたらすことが考えられる。

②　本人の良さを伝える

申し送りの際にわからないことを気軽に聞いたり、利用者の状態について理解し合うためには、円滑なコミュニケーションが業務をスムーズに行わせると、職員に感じてもらうことも重要である。仕事において質問しやすい環境を作るために、日頃からたわいのない会話を重視して、何度も繰り返すことが大事である。これは、決して仕事を「サボっている」ことにはならない。スポーツでたとえたら、ウォーミングアップのようなものである。

また、ほめるという行為はコミュニケーションの活性化につながると考える。介護の仕事は人の数だけ考え方や方法がある。自分の考え以外は排除するのではなく、「そういう考えもいいね」と様々な考えや方法があることを認め合うことが、業務をスムーズに行い、利用者への良い介護につながる。

日々の忙しさの中で、部下が頑張っていることをほめたのはいつだったか。悪い所ばかりに目を向けるのではなく、良い所も見つけて言葉にしただろうか。ほめられないから仕事をしないという考えではない。ほめられるということは、自分が仕事をしていることを見てくれている人がいるということでもある。それだけで自信をもって業務に取り組むことができ、やる気につながるものだ。ほめ合うことでチームの雰囲気が良くなり働きやすくなるのであれば、リーダーは部下の良い所を見つけていく努力をして、コミュニケーションを図っていくべきである。人をほめることは難しくない。日頃から行っている介護において利用者の強みを見つけ、その力を大事にする考えと同じように、職員の強みを見つけ職場で発揮してもらえるように接したらよいのだ。

6　人手不足がコミュニケーション不足にならないために

調整できない介護観・相性の不一致は、コミュニケーション不足が原因である。人手不足から業務優先になりがちで、シフト制の勤務から同じグループの職員全員が揃う時間はかなり貴重だ。新人・

中堅・ベテラン職員がそれぞれの立場から考えた改善点などを雑談・相談を通して、各々の意見を共有できれば、効率的でスムーズな介護が今まで以上に容易になる。そのためにも、リーダーが中立な立場で派閥ができないよう調整する方法を考え「ほめる」を活用して、職員同士が雑談・相談しやすい環境・雰囲気づくりが重要となる。

参考文献

倉貫義人（二〇一九）『ザッソウ　結果を出すチームの習慣――ホウレンソウに代わる「雑談＋相談」』日本能率協会マネジメントセンター。
厚生労働省（二〇二一）「令和二年度能力開発基本調査」（二〇二一年一〇月一三日閲覧）。
厚生労働省老健局（二〇一六）「日本の介護保険制度について」（二〇二一年一〇月一三日閲覧）。

（木島望美）

第3章　労務管理を困難にする「無自覚」な法令違反
――介護現場の特殊性とコンプライアンスの不徹底

1　介護現場と労働法

（1）労働法令遵守

介護現場での「労働法令遵守」は事業所・管理者にとって自明なことである。介護現場の労使関係では、労働法解釈と判例に収まらない「応用問題」に日々遭遇する。労働法規を基底にしながらも柔軟な対応、何よりも「介護職員との職場での話し合いによる解決」が重要である。労働法令を杓子定規に理解し対応するのではなく、介護現場の意見を聞き、実態に照らし合わせ活かしていく不断の努力、姿勢が人材確保につながっていく。同時に時代状況を映し出した労働法規の解釈、労働立法もまた課題である。

本章では介護現場のリーダー（以下、リーダー）が遭遇するいくつかの課題を通して、労働法令を現場でどう活かしていくのかを考えたい。特に、集団的労使関係（労働組合法・労使関係）についてもふれ、介護労働の現場だからこそ、「ディーセント・ワーク」（働きがいのある人間らしい仕事）の確立を考えていきたい。

（2）介護労働と「公共サービス基本法」

介護労働は「公共サービス」である。公共サービス基本法では「国及び地方公共団体は、安全かつ良質な公共サービスが適正かつ確実に実施されるようにするため、公共サービスの実施に従事する者の適正な労働条件の確保その他の労働環境の整備に関し必要な施策を講ずるよう努めるものとする」（第一一条）と規定されている。介護職員に対する労働条件の確保、労働環境の整備は国と地方自治体の責務でもある。

しかしながら、雇用条件悪化が人手不足に拍車をかけ、介護職員の離職とさらなる人手不足につながる負のスパイラルに陥っている。そうした枠組みの中で事業所「管理者」の労務管理上の苦悩もあるが、そのことを言い訳に「労働法令遵守」をないがしろにしていると、さらなる人材不足を招くという悪循環に陥ってしまう。介護サービスの充実とそこで働く介護職員の労働環境整備、労働法令遵守は一体のものであるべきである。

（3）労働法にどう向き合うか

労働法は憲法第二五条（生存権）、第二七条（勤労条件の基準）、第二八条（勤労者の団結権）に基づき、①個別的労働関係、②団体的労使関係、③労働市場分野に関する法規整をいう。個別的労働関係では労働基準法（以下、労基法）、労働契約法（以下、労契法）、労働安全衛生法などがあり、団体的労使関係では労働組合法（以下、労組法）などがある。労働市場分野では職業安定法や労働者派遣法、高齢者雇用安定法、障害者雇用法などである。これらの個別労働法には施行規則や指針、特別措置法なども加わり、監督官庁による通達、通知によって法解釈、運用がはかられている。さらに裁判所や労働委員会での労働判例が労働法規整総体を形づくっている。

（4）介護事業取り消し

「介護サービスの基盤強化のための介護保険法等の一部を改正する法律」（二〇一一年）の成立によって、「介護事業所における労働法規の遵守を徹底、事業所指定の欠格要件及び取消要件に労働基準法等違反者」が追加された。労働法令の遵守を徹底し、違反した事業者は事業者指定が取り消されることになった。

この規定が介護保険法の一部改正で盛り込まれた背景には、介護事業所が全産業と比較して「労働基準法等の違反の割合が高い」という問題が指摘されてきたことによる。法改正の参考資料であった

「労働基準法等違反事業場比率」（厚生労働省、二〇〇八年）では全産業六八・五％に対し社会福祉施設は七七・五％、労基法二四条違反（賃金不払）では全産業三・二％に対して五・八％、労基法三七条違反（割増賃金不払）では全産業一八・一％に対して三五・八％となっていた。

この状況は今も変わっていない。「労働基準監督年報」（二〇二〇年）によれば、定期監督等実施状況・法違反状況での労働基準法違反事業場比率は社会福祉施設では七四・八％で、二〇〇八年比で二・八％しか改善していない。全産業で六八・五％が六九・一％と悪化しているため、全産業比は縮小しているかに見える。

社会福祉施設七五四〇事業所の定期監督等実施では、割増賃金未払（一九八六件）、労働時間管理（一七五二件）、労働条件の明示違反（七二四件）、賃金未払違反（五〇五件）といずれも件数は増加している。利用者の尊厳を守り、権利擁護が求められる介護職場で、一部の事業者によって介護職員の労働法令が遵守されていないことは、介護業界全体のイメージダウンになっている。

(5) 正規と非正規の不合理な処遇差をなくす

二〇一八年六月に「働き方改革関連法」が可決され、その柱の一つである「短時間労働者及び有期雇用労働者の雇用管理の改善等に関する法律」（パート・有期労働法）が成立した。施行日は二〇二〇年四月、ただし中小企業（サービス業の場合、資本金または出資五〇〇〇万円以下または一〇〇人以下）は二〇二一年四月であった。

これまでのパートタイム労働法と有期雇用労働者に適用されてきた労働契約法第二〇条（期間の定めがあることによる不合理な労働条件の禁止）が統一され、不合理な処遇差を解消していくための踏み込んだ法規整となった。これによって、労働契約法から第二〇条は削除された。

パート・有期雇用労働法では、①正規職員とパート・有期職員間の「不合理な待遇の禁止」（第八条）、②基本給、賞与その他の待遇のそれぞれについて「差別的取扱いの禁止」（第九条）、③待遇差を設ける場合の「事業主が講ずる措置の内容等の説明」（第一四条）、④苦情の自主的解決（苦情処理機関の設置）と紛争の解決の促進、援助（第二二～二四条）等が定められた。

厚生労働省は、パート・有期法で事業主が講ずべき雇用管理の改善のために、「同一労働同一賃金ガイドライン」を基に「指針」を定めることになった。事業主は、労働者の待遇の内容・待遇の決定に際して考慮した事項、正社員との待遇差の内容やその理由について、労働者から説明を求められた場合には説明することが義務づけられた。

2　労働者派遣法も改正（働き方改革関連法）

(1) 派遣労働者を受け入れ

一九九九年の労働者派遣法改正で派遣業務が原則自由（例外禁止）となり、介護事業所も派遣労働者を受け入れることができるようになり、二〇一五年の派遣法改正、さらに二〇一九年の働き方改革関連法の労働者派遣法改正（二〇二〇年四月施行）と度重なる改正が行われている。

事業所が派遣労働者を受け入れできる期間は、三年が限度である。これは常用雇用代替としての派遣労働者活用拡大に一定の歯止めをかけるためのものである。事業所の場合は常用雇用代替ではなく、人材確保が困難なためにやむなく派遣労働者に頼る現状にある。三年を超えて受け入れ期間を延長したい場合は、過半数を超える労働組合がある場合は労働組合と、過半数労働組合がない場合は労働者の過半数を代表する者の意見を聴かなければならない。

厚生労働省は「派遣先が講ずべき措置に関する指針」（最終改正：令和二年厚生労働省告示第三四六号）を定めている。主な内容は、①就業条件の周知徹底、②就業場所の巡回、③就業状況の報告、④労働者派遣契約の内容の遵守に係る指導などである。これら派遣先が講ずべき指針を守るために、派遣労働者が五人以下の場合を除いて「派遣先責任者」を選任しなければならない。「五人を超えないときは、派遣先責任者を選任することを要しない」（派遣法施行規則第三四条）が、介護事業所のような対人サービス、チーム介護、複雑な人間関係の職場にあっては五人以下であっても雇用管理上の派遣先責任者を配置すべきである。

働き方改革関連法の成立により派遣労働者に関する「同一労働同一賃金」に係る労働者派遣法が一部改正された。派遣会社は、派遣労働者と派遣先正社員との間で、基本給や賞与などで不合理な待遇差を設けてはならない（労働者派遣法第三〇条の三）。そのために派遣先は派遣会社に待遇について情報提供しなければならない。または派遣会社と派遣労働者（過半数労働組合）の間の労使協定方式で待遇を決定しなければならない。

（２）年次有給休暇「五日」義務づけ

事業所の人材募集の際に「年休が取れる職場かどうか」は、とりわけ若い世代にとっては重要である。働き方改革関連法（労基法一部改正）によって、二〇一九年四月から使用者による「年休時季指定義務」制度が施行された。時季指定制度とは年休が一〇日以上付与されるすべての労働者を対象として、「有給休暇の日数のうち五日については、基準日から一年以内の期間に、労働者ごとにその時季を定めることにより与えなければならない」制度である（労基法第三九条七項）。

一九八七年の労基法改正によって「計画年休制度」が設けられた（労基法第三九条六項）。この計画年休制度は任意だったため普及していない。そこで年休取得を促進していくために、使用者に時季指定義務を課したのである。

この時季指定は義務であり、取り組まなければ罰則規定がある（労基法第一二〇条）。対象は年休一〇日付与されるすべての労働者である。パート・契約職員なども対象になる。労働者の申出による年休取得日数が五日に満たない場合、使用者は時季指定しなければならない。つまり、すべての労働者に最低五日は年休取得を付与しなければならなくなったのである。時季指定にあたっては、①当該労働者の意見聴取、②「年次有給休暇管理簿」作成管理、③時季指定の対象となる労働者の範囲及び時季指定の方法等について、就業規則に記載しなければならない。

３　「中間管理職」こそ労働法を身に付けるべき

(1)「労働組合嫌い」と不当労働行為

介護・福祉事業所の労働組合組織率は低い。「産業別労働組合員数及び推定組織率」（厚生労働省、二〇二〇年一二月）でみると、全産業の推定組織率が一六・九％に対して、「医療・福祉」分野は六・二％である。そのため、事業所では集団的労使関係についての無理解がある。「福祉の現場に労使の対立はないので労働組合は必要ない」「団結権や団体交渉など自分たちの権利ばかりを主張する様な労働者は福祉の現場には向かない」という本音を抱く経営者も少なくない。そのため、中間管理職が経営者の意を汲んで、不当労働行為を行うことが見られるのである。

労働組合の結成、活動、交渉、労働協約締結などを認めない不当労働行為は「勤労者の団結する権利及び団体交渉その他の団体行動をする権利は、これを保障する」（憲法第二八条）に違反する。労組法第七条で「使用者は、次の各号に掲げる行為をしてはならない」と具体的に提示している。なお、「次の各号」とは、①労働組合員であること、労働組合加入結成、労働組合の正当な活動に対する不利益取り扱い。②団体交渉を拒むこと、不誠実交渉。③労働組合に対する支配、介入、妨害すること、などである。

介護事業者は労働組合がパートナーであり、労働組合敵視は不当労働行為で違法であることなど、認識をしていく必要がある。労働組合は労働組合法に守られた職場の団体として、賃金、労働条件決定に係る団体交渉はもとより、中長期の事業計画などについては「労使協議」という場で意見交換ができる。多くの労働組合は介護労働現場の課題解決に向けた労働組合の社会的役割（事業所内のチェック機能と介護・福祉施策に対する制度政策要求活動など）を担おうとしている。また労働組合の存在によって、介護・福祉労働者が職場で「モノが言える」「自由で創造的な職場環境づくり」が介護・福祉人材確保、育成につながっていくのである。

（2）「所長」は管理職か

労基法で、使用者とは「事業主のために行為をするすべての者をいう」（第一〇条）。この解釈については「『使用者』とは本法各条の義務についての履行の責任者をいい、その認定は部長、課長等の形式にとらわれることなく各事業において、本法各条の義務について実質的に一定の権限を与へられているか否かによるが、かかる権限が与へられて居らず、単に上司の命令の伝達者にすぎぬ場合は使用者とはみなされない」と行政通知が出されている。(1)

介護事業所の一部門の「所長」などはこの「使用者」「管理職」にあたるかどうかを明らかにしておく必要がある。行政解釈は名称にとらわれない実態に即した判断を求めている。菅野は行政実務および裁判例から管理職について「①事業主の経営に関する決定に参画し、労務管理に関する指揮監督権限を認められていること、②自己の出退勤をはじめとする労働時間について裁量権を有していること、および③一般の従業員に比しその地位と権限にふさわしい賃金（基本給、手当、賞与）上の処遇を与えられていること」と整理している（菅野 二〇一〇：二八四）。

「使用者」「管理職」には「労務管理に関する指揮監督権限」が認められているため、使用者としての責任が問われることになる。しかし、自己の出退勤の裁量権やその地位や権限にふさわしい賃金が保証されていなければ「労働者」であり、「名ばかり管理職」と言わざるを得ない。

また、「使用者」「管理職」は、「監督的地位にある労働者、使用者の利益を代表する者は労働組合に加入できない」とする労組法第二条の制約を受けない。しかし、彼らも勤労者なので、「勤労者の団結する権利及び団体交渉その他の団体行動をする権利」（憲法第二八条）があり、労働組合に加入し交渉することができる。実際には、現場の「管理職」が当該の労働組合に加入することには双方に抵抗感があり、「管理職」などは「個人加入ユニオン」などに加入している。

（3）「移動時間」や「研修」は労働時間か

労働時間とは、労働者が使用者の指揮命令下に置かれ、業務を遂行する時間である。このことは超過勤務の割増賃金支払いをめぐる課題に直結する。西谷は「『指揮命令』の存在は緩やかに解釈されるべきである。たとえば、客観的にみて所定時間内に処理できない量の労働を命じられた場合や、使用者が労働者の時間外労働を容認している場合などには、所定外労働の時間も労働時間とみるべきである」と指摘している（西谷 二〇一三：二八九）。

定時にタイムカードの刻印を求め、その後は「自主的に残って仕事をする」「利用者受け入れ準備のために定時より早く出勤している」「残業になるのは仕事の段取り、要領が悪いからだ」「施設の行事に出るのは職員として当たり前」という事業所の言い訳は通用しない。

こうした原則を基に、「訪問介護労働者の法定労働条件の確保について」（厚生労働省労働基準局長通知、二〇〇四年八月）では、訪問介護の業務に直接従事する時間以外を労働時間としていないものが認められるところであるが、「適正にこれを把握する必要がある」として以下の課題を明示している。

① 移動時間とは、事業場、集合場所、利用者宅の相互間を移動する時間である。
② 業務報告書等の作成時間は、介護保険制度や業務規程等により業務上義務付けられている。
③ 待機時間は使用者が急な需要等に対応するため事業場等において待機を命ずるものである。
④ 研修時間は使用者の明示的な指示に基づいて行われる場合は労働時間である。

なお、移動時間は労働時間だが、通勤時間（自宅から事業所または利用者宅への往路と復路）は労働時間ではない。また、移動時間相当分を「固定手当」「定額制」で一律支給する場合は、移動時間合計分を下回ってはいけない。この問題は次項でも取り上げる。労働時間管理をめぐって事業所では様々なケース、応用問題が起こる。労働行政通知などを基に、職員が納得できる話し合いで決めていくことが大事である。

(4) 時間外割増賃金と「固定手当代」

「主任手当」「リーダー手当」の中に「時間外労働時間二〇時間分が含まれている」などの固定残業代、いわゆる「みなし残業代」を取り入れている事業所がある。いわゆる「名ばかり管理職」の管理職手当についても「みなし残業代」となっているところが多い。この「固定残業代」を導入する場合は、労働者への周知、就業規則への記載、固定残業代分の時間管理の徹底、固定残業代分を超えた時間外労働について割増賃金分支給が明確にされなければならない。

「固定残業代」を取り入れる事業所では、労使共にこの時間外労働時間の管理が疎かになってしまう傾向がある。逆に固定残業代が二〇時間に満たない場合は減額せず支給しなければならない。介護事業所などでの労働時間管理の煩雑さやイレギュラーな対応のために「固定残業代」を導入する事業所も多いので、これらの確認は欠かせない。

所長などの現場責任者は自らの労働時間を管理することが少なく、管理職手当に含まれている「みなし残業代」は、管理職としての責任と相まって、働かせ放題となりかねない。そのようなことに甘んじていては管理職の人材は育っていかない。労働時間管理については、絶えず見直し、「就業規則」で確認しておく必要がある。

4　介護現場とディーセント・ワーク

(1) ディーセント・ワークとは

ディーセント・ワークとは「働きがいのある人間らしい仕事」のことである。ＩＬＯ駐日事務所ホームページで、ＩＬＯは「全ての人にディーセント・ワーク――Decent Work for All」の実現を目指して活動を展開していると紹介している。

ディーセント・ワークとは、権利が保障され、十分な収入を生み出し、適切な社会的保護が与えられる生産的な仕事、すべての人が収入を得るのに十分な仕事があること。「働きがいのある人間らしい仕事」とは権利、社会保障、社会対話が確保され、自由と平等が保障され、働く人々の生活が安定する。すなわち「人間としての尊厳を保てる生産的な仕事のこと」と述べている(2)。

介護利用者の権利、尊厳を守ることと、そこで働く介護職員の権利、労働の尊厳を守ることは一体のものである。介護職員の権利、尊厳が守れない事業所で利用者の権利、尊厳は守られない。介護業界全体で「介護労働＝ディーセント・ワーク」を定着させ社会的に発信していくことが、介護人材確保につながっていく。

（2）誰がディーセント・ワークを確立していくのか

ディーセント・ワークは労使が協力して作りあげていくべき課題である。労働組合がある場合は賃金・労働条件などでの「団体交渉」を基軸にしながらも、事業計画や人材確保、育成などでは労使双方が知恵を出す場としての「労使協議会」、「労働安全衛生委員会」などの設置が有効である。労働組合がない場合は、職場の過半数の代表する者を中心としたプロジェクトチームの設置などが望ましい。

人権としてのディーセント・ワークについて、西は「労働者にとって必要なのは、労働法上の権利に関する『知識』にとどまらず、自らの権利は自らの行動で守るという権利の『意識』でなければならない。一九世紀ドイツの法哲学者イェーリングは、かつて権利の侵害は人格そのものに対する挑戦であり、権利侵害に対して闘うことは、自分自身に対する義務であり、国家共同体に対する義務であると熱っぽく語ったが、そのような権利意識の涵養が必要なのである。それが学校教育だけでなく、社会全体が取り組むべき課題であることはいうまでもない」と述べている（西谷 二〇一一：三三九－三四〇）。

（3）「労働安全衛生委員会」設置のすすめ

介護現場では、慢性腰痛や突発性の怪我、メンタル疾患、職場不適応症などによる病気休暇、病気休職も多発している。事業所では常時五〇人以上の労働者を使用する場合、「衛生委員会」を設置しなければならないが、五〇人未満であっても「委員会を設けている事業者以外の事業者は、安全又は衛生に関する事項について、関係労働者の意見を聴くための機会を設けるようにしなければならない」（労働安全衛生規則第二三条の二）。

事業所の労働、安全、衛生に係る課題は相互に関連しているので、労働安全衛生法の設置義務にかかわらず職場の「労働環境」全般にテーマを拡げるために「労働安全衛生委員会」を設置し、介護に係る労働災害防止、転倒、転落災害の防止対策、安全衛生教育研修、腰痛などの予防対策、ハラスメント、メンタル疾患への対応、そして労災事故と申請への対応について労使の意見交換の場として設置することをお勧めしたい。

労災が発生した場合、労災保険の給付申請は被災労働者または遺族が行うが、給付申請書には事業主の証明欄があるので、事業主は被災労働者から証明を求められた場合はすみやかに証明を出さなければならない。「保険給付を受けるべき者が、事故のため、みずから保険給付の請求その他の手続を行うことが困難である場合には、事業主は、その手続を行うことができるように助力しなければならない」（労働者災害補償保険法施行規則第二三条）。

介護事業所では慢性的な人手不足と非正規雇用、高齢者雇用の拡大もあり、労働災害発生件数は多い。「労働安全衛生委員会」を軸に現場労働者の意見、知恵を予防、検証、点検、研修、労災対策として進めていくことが、介護事業所全体の評価につながっていく。

(4) 病気の治療と仕事の両立支援

労働安全衛生法は「健康の保持増進のための措置」として、事業者は「当該労働者の実情を考慮して、就業場所の変更、作業の転換、労働時間の短縮、深夜業の回数の減少等の措置を講ずる」措置をしなければならないと規定している（第六六条）。

「病気による治療と仕事の両立支援」は、がん、脳卒中、心疾患、糖尿病、肝炎などの治療が必要な疾病を抱える労働者に対して就業上の措置や治療に対する配慮である。厚生労働省は二〇一六年二月に「事業場における治療と職業生活の両立支援のためのガイドライン」を発表している。その概要は次の通りである。

①　事業者による基本方針等の表明と労働者への周知、具体的な対応方法等の事業場内ルールを作成し、全ての労働者に周知することで、両立支援の必要性や意義を共有し、治療と仕事の両立を実現しやすい職場風土を醸成すること。
②　研修等による両立支援に関する意識啓発。
③　相談窓口等の明確化。
④　両立支援に関する制度・体制等の整備。

治療と仕事の両立支援においては、短時間の治療が定期的に繰り返される場合、就業時間に一定の制限が必要な場合、また通勤による負担軽減のために出勤時間をずらすことが必要である。がん治療などで治療が長期化し、副作用による影響に応じた対応、メンタル面の配慮も必要である。介護事業所でこそ、率先して「病気の治療と仕事の両立」の取り組みをすべきである。

5　SDGs（持続可能な開発目標）とディーセント・ワーク

介護利用者の権利・尊厳を守ることと、そこで働く介護労働者の権利、労働の尊厳を守ることは一体のものである。そのために、あらゆるハラスメント対策、メンタル疾患をはじめとした労働安全衛生活動、安全配慮義務を負うことが介護職場の人材確保に欠かせない。労契法は「使用者は、労働契約に伴い、労働者がその生命、身体等の安全を確保しつつ労働することができるよう、必要な配慮をするものとする」（第五条）と定めている。

介護労働における「ディーセント・ワーク」を確立し、社会的に発信していくことが、介護人材確保につながっていく。このディーセント・ワークは介護現場に限らず「持続可能な開発目標」（SDGs）の一つなのである。

SDGsのゴール8は「包括的かつ持続可能な経済成長およびすべての人々の完全かつ生産的な雇用と働きがいのある人間らしい雇用（ディーセント・ワーク）を促進する」と掲げている。

そのターゲット8・5は「二〇三〇年までに、若者や障害者を含むすべての男性および女性の、完全かつ生産的な雇用および働きがいのある人間らしい仕事、ならびに同一労働同一賃金を達成する」とし、ターゲット8・8は「移住労働者、特に女性の移住労働者や不安定な雇用状態にある労働者全体の権利を保護し、安全・安心な労働環境を促進する」としているのである（南・稲葉 二〇二一：八）。

注

（1）都道府県労働基準局長あて労働次官通達（昭二二・九・一三発基一七号）

（2）ＩＬＯ駐日事務所ホームページ（二〇二三年四月二〇日閲覧）。

参考文献

埋橋孝文編著（二〇二〇）『どうする日本の福祉政策』ミネルヴァ書房。

櫻井純理編著（二〇二一）『どうする日本の労働政策』ミネルヴァ書房。

菅野和夫（二〇一〇）『労働法　第9版』弘文堂。

西谷敏（二〇一一）『人権としてのディーセント・ワーク――働きがいのある人間らしい仕事』旬報社。

西谷敏（二〇一三）『労働法　第2版』日本評論社。

水町勇一郎（二〇一九）『詳解労働法』東京大学出版会。

南博・稲葉雅紀（二〇二一）『ＳＤＧｓ――危機の時代の羅針盤』岩波書店。


（市川正人）

第4章　「不満の解消」から「労働意欲の向上」へ
——モチベーション理論で考える今後の介護経営

1　制度の持続可能性は人材

（1）今そこにある危機

二〇二一年七月、第八期介護保険事業計画の介護サービス見込み量等に基づく介護職員の将来的な必要数が取りまとめられた。それによると、二〇二三年度に必要とされる介護職員数は約二三三万人、二〇二五年度には約二四三万人、二〇四〇年度には約二八〇万人となることが推計される。この数値を、二〇一九年度の介護職員二一一万人からの増加数でみてみると、二〇二三年度までに約二二万人増やす必要がある。実に毎年五・五万人の介護職員を増やさなければ整備される介護サービス量に従事する職員数を満たせない。その数値は、二〇二五年までに約三二万人、二〇四〇年度までには約六九万人にものぼる。

換言するまでもなく、「就業者が集まらなければ」現行水準の仕組みは維持できない。このままでは、いずれ介護保険制度は介護職員不足で、介護サービスが必要な要介護者へサービスを届けられなくなることが危惧される。こうした、将来的な介護人材不足が示される状況ではあるが、もはやそれは将来のものではなく、現状における最大の課題となっている。

介護関係者との懇談では、人材不足を嘆く愚痴や派遣労働者が定着しないといった話題は、時事的ニュースや天気の話題と同様に語られるようになって久しい。例えば、福祉人材センター・バンクが公表する福祉人材の求人動向では、二〇一三年度に二・八〇倍だった有効求人倍率は、二〇一六年度には四・三二倍と四倍台へ上昇し、以降、二〇一七年度は四・四八倍、二〇一八年度は四・四七倍、二〇一九年度は四・三二倍と四倍以上で推移している。分野別有効求人倍率でも「高齢者（介保施設以外）」が八・〇一倍で最も高く、「高齢者（介保施設）」も三・五六倍と高い状況が続いており、介護人材不足が顕著となっている。

また、介護労働安定センターが実施する介護労働実態調査の「介護職員の不足状況」においても、二〇〇九年では四六・八％であった「不足感」も上昇を続け、二〇一八年には六七・二％のピークに達し、二〇一九年と二〇二〇年では若干回復しているものの、六割以上の事業所で人材が不足と回答する危機的状況が継続している（図４－１）。

特別養護老人ホームの人材不足の状況について、福祉医療機構が毎年実施している介護人材に関す

図4－1　介護労働実態調査にみる介護職員の不足状況

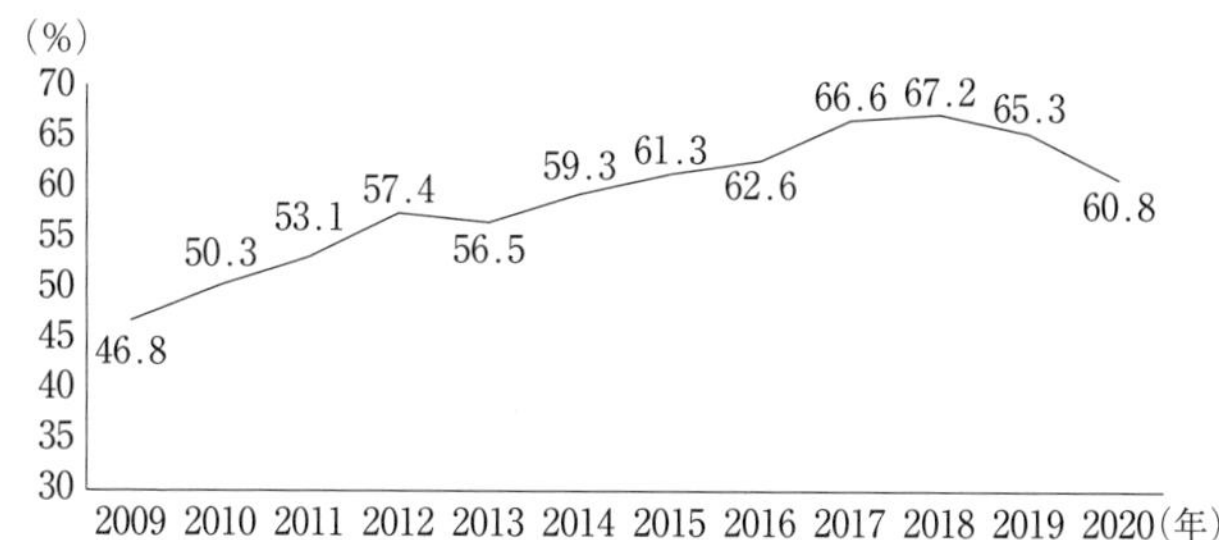

出所：各年度「介護労働実態調査」（介護労働安定センター）を基に筆者作成。

るアンケート調査でも、現在の要員状況で「不足」と回答する割合は、二〇一六年七月で四六・九％、二〇一八年一月で六四・三％、二〇一九年三月で七二・九％、二〇二〇年一〇月で六四・一％となっており、慢性的な人員不足の状況が明らかになっている。

この調査のうち、小寺（二〇一九）では、要員不足と回答した施設では、特養本体で四・一％、ショートステイ等の併設施設で八・八％の計一二・九％で受け入れを制限しており、特養本体で受け入れを制限している一施設当たりの空床数は平均一三・九床という結果となった。もはや、人材不足によってユニットの閉鎖やショートステイ等併設事業所を休止する光景は当たり前のようになりつつあることを示している。

(2) 作られた「3K」のイメージ

急速な高齢化に伴うサービス需要の急増に対応すべく、多様な主体の参入によるサービス量の拡大が介護市場へと委ねられた介護保険制度の創設から四半世紀を迎えようとしている。この間、介護市場は当初の予測を超えるスピードで拡大した。その一例を利用者及びサービス量から見てみるならば、二〇〇〇年四月末の時点で二一八万人であった要介護認定者数は、二〇二一年三月末には六八二万人へと増え、利用者の自然増に対応する形で多様なサービス供給主体の参入により介護サービスの事業者数は大きく伸び、サービスの提供体制は充実しユーザビリティは格段に向上した。

その一方で、高齢化の進展に伴う要介護高齢者の増加と介護市場の拡大に伴って、介護財政は肥大化を続けており、介護保険制度創設時（二〇〇〇年）の三・六兆円から二〇二一年には一三・三兆円まで拡大した。それに伴い、保険料（第一号被保険者）も増加を続け、第一期の二九一一円は第八期には六〇一四円にまで増えている。こうした財政肥大化に対応すべく、事業者に支払われる介護報酬を抑えようとする圧力は強く、制度創設から今日に至るまでの間、介護報酬は増減を繰り返しながら、全体的には大きく減じている（表4-1）。

事業収入の原資である介護報酬が減額されれば事業所の収支は悪化し、損益分岐点を下げなければ事業収支が赤字となる。そして、減収を補うためには、他事業で生み出される収益を繰り入れるか、何らかの形で固定費を下げるしかなくなる。

改めて言及するまでもなく、介護サービスは、提供されるサービスが人の手によってなされるため、事業支出に占める給与費（人件費）の割合が高い労働集約型産業である。そのため、度重なる介護報酬の減額改定への対応については、人件費によって収支が調整され続けてきた。森川（二〇一四）は、

表4－1 介護報酬改定の推移

年　度	改定率	備　考
2003	△2.3%	訪問介護等で自立支援を引き上げ，従来型特養等を引き下げるなどの適正化により△2.3%
2006	△0.5%	中重度者への重点化（在宅軽度△5%，在宅中重度＋4%）で全体で△0.5%であるが，2005年度改定を含めると△2.4%
2009	3.00%	介護従事者の処遇改善のための緊急特別対策として＋3.0%（在宅分＋1.7%，施設分＋1.3%）
2012	1.20%	1.2%（在宅＋1.0%，施設＋0.2%）のプラスであるが，介護職員処遇改善加算＋2.0%を含むため，実施的に△0.8%のマイナス
2015	△2.27%	介護職員処遇改善分＋1.65%，認知症・中重度対応等で＋0.56%を含め△2.27%（実質的に△4.48%）
2018	0.54%	通所介護等の給付適正化△0.5%，自立支援・重度化防止等評価＋1%相当で＋0.54%
2021	0.70%	新型コロナウイルス感染症・大規模災害への対策。LIFE へのデータ提出とフィードバック活用推進，ICT の活用

出所：早坂（2019：16）を基に筆者作成。

介護保険制度による介護労働力への金銭的評価は、介護報酬の仕組みを通じ、サービス事業者による介護労働力のストラクチャーマネジメントに一定の介入を行うことで実施されていると指摘する。介護報酬が大きく下げられている現状からみるならば、介護労働者の給与水準が事業者の経営を通して政策的に低位に置かれてきたともいえよう。

介護保険制度創設時は、失われた二〇年とも三〇年とも呼ばれる長期不況の只中であり、多くの企業が採用控えをする中で、政策的に介護労働の価値を低位に置きつつも、福祉を志す介護人材の献身もあって、介護サービスの担い手を確保し続けることができた。

その潮流が大きく変化したのは、二〇〇六年の大きな介護報酬のマイナス改定と、その翌年に社会問題として大きな関心を集めたコムスン事件であった。多くの媒体でＣＭを流していた訪問介護最大手（当時）の株式会社コムスンが、訪問介護事業所を開設する際に、労働実態のないヘルパーを届け出る虚偽申請や介護報酬の不正請求を会社ぐるみで行っていたとして、厚生労働省から新規事業の開設や更新を認めないという決定が下され、多くの事業所を閉鎖し介護事業より撤退した事件である。この「コムスン事件」が連日のワイドショーを賑わすとともに、介護労働が全産業の現金給与額よりも大幅に低い給与水準であることや、重労働といったメッセージが流布され、３Ｋ（きつい・きたない・きけん）や５Ｋ（＋結婚できない・希望が持てない）等と揶揄されるようになった。

さらに、二〇一五年には、中学校や高等学校の教科書に「介護は低賃金重労働」と記載していた二社に介護関連六団体が修正を要望したことが話題にもなった。そして、介護福祉士養成校の多くが定員割れの段階を経て募集停止や閉校の話も聞く状況となっている。一部では、介護という仕事が若者から見放されたという言葉すら語られ、業界全体としては、それを覆せる好意的なエビデンスを示すことができない状況となっている。

2　施設経営における人材難の現状

(1) 介護職員処遇改善加算の限界

介護分野での人材不足に対する政策的動向としては、二〇〇七年八月に「社会福祉事業に従事する者の確保を図るための措置に関する基本的な指針」（平成一九年厚生労働省告示第二八九号）が出され、翌年には「介護従事者等の人材確保のための介護従事者等の処遇改善に関する法律」が制定された。そして、二〇〇九年より介護労働者の給与改善を図るための介護職員処遇改善交付金が予算化され、月額平均二・四万円の給付改善がなされた。

同交付金は、二〇一二年の第五期介護報酬改定で介護職員処遇改善加算（月額平均〇・六万円改善）となり、二〇一五年からの第六期介護報酬改定で月額平均一・三万円、二〇一七年（月額平均一・四万円改善）にも改善され、トータルで月額平均五・七万円の改善が行われている。さらに、二〇一九年一〇月の消費増税に対応し、経験・技能のある介護職員等の給与水準の改善（月八万円の賃上げとなる人、あるいは賃上げ後に年収が四四〇万円を超える人を設定）を図る介護職員等特定処遇加算が導入された。

こうした介護職員処遇改善加算の増額によって、近年、介護職員の平均賃金は大きく底上げされた。この間、再就職準備金貸付制度や介護福祉士を目指す学生への奨学金制度の拡充、学生や中高年齢者

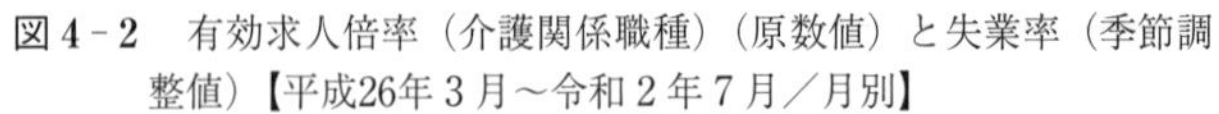
図4-2　有効求人倍率（介護関係職種）（原数値）と失業率（季節調整値）【平成26年3月～令和2年7月／月別】

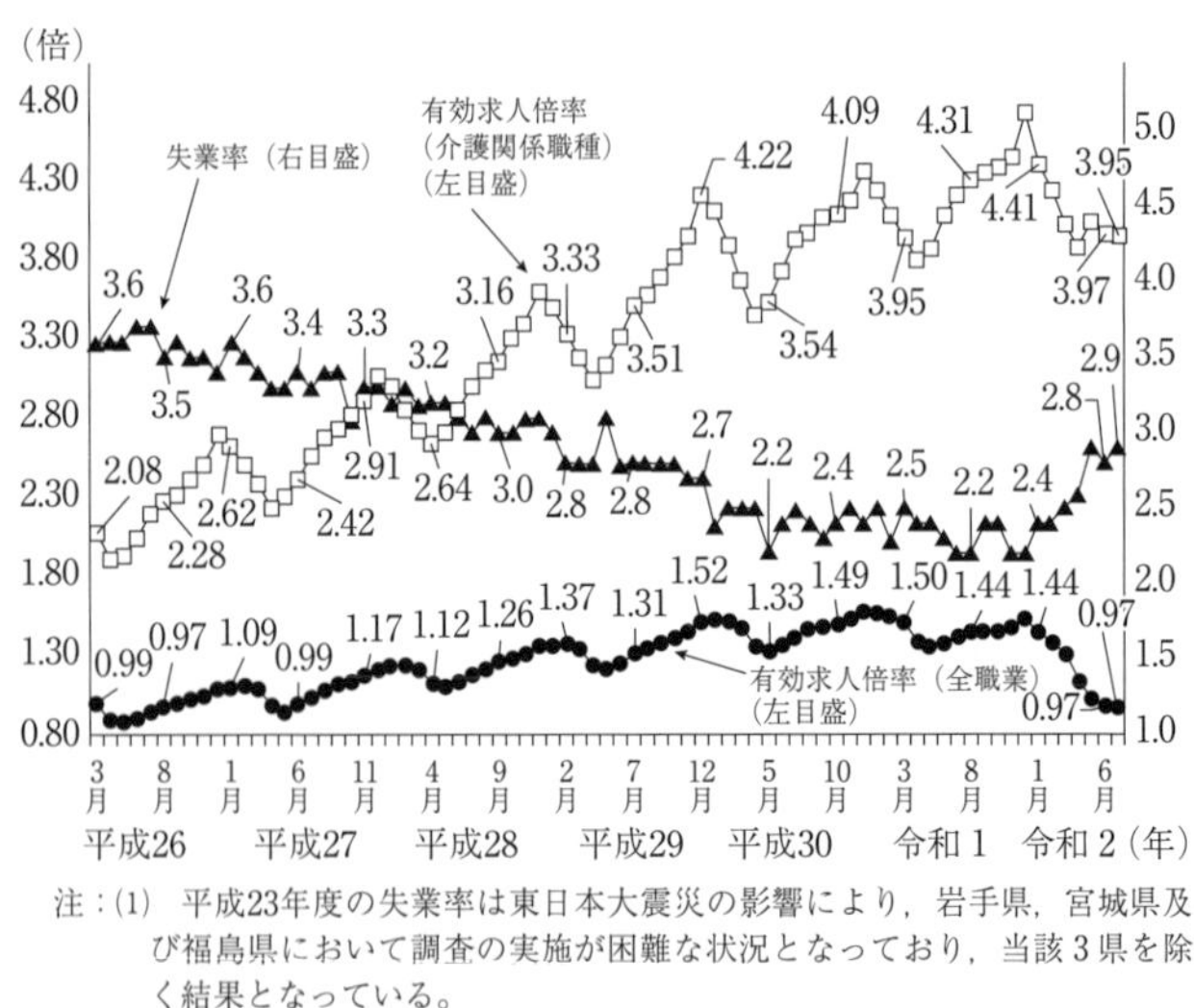

注：(1)　平成23年度の失業率は東日本大震災の影響により，岩手県，宮城県及び福島県において調査の実施が困難な状況となっており，当該3県を除く結果となっている。
(2)　全職業及び介護関係職種の有効求人倍率はパートタイムを含む常用の原数値。
月別の失業率は季節調整値。
(3)　常用とは，雇用契約において，雇用期間の定めがない，又は4か月以上の雇用期間が定められているものをいう。
資料：厚生労働省「職業安定業務統計」，総務省「労働力調査」。
出所：社会保障審議会介護給付費分科会（2020：12）。

に対する介護の仕事の理解促進にかかる施策なども行われてきた。では、その効果はどうだったのか。

介護関係職種の有効求人倍率は、介護市場の拡大にともなう求人増加もあり、一貫して増加傾向となっている（図4-2）。

二〇二〇年八月一九日に開催された社会保障審議会介護給付費分科会で、厚生労働省が明らかにした職業安定業務統計による介護サービス職員の有効求人倍率により、介護業界全体に大

図4-3　介護サービス職員の有効求人倍率

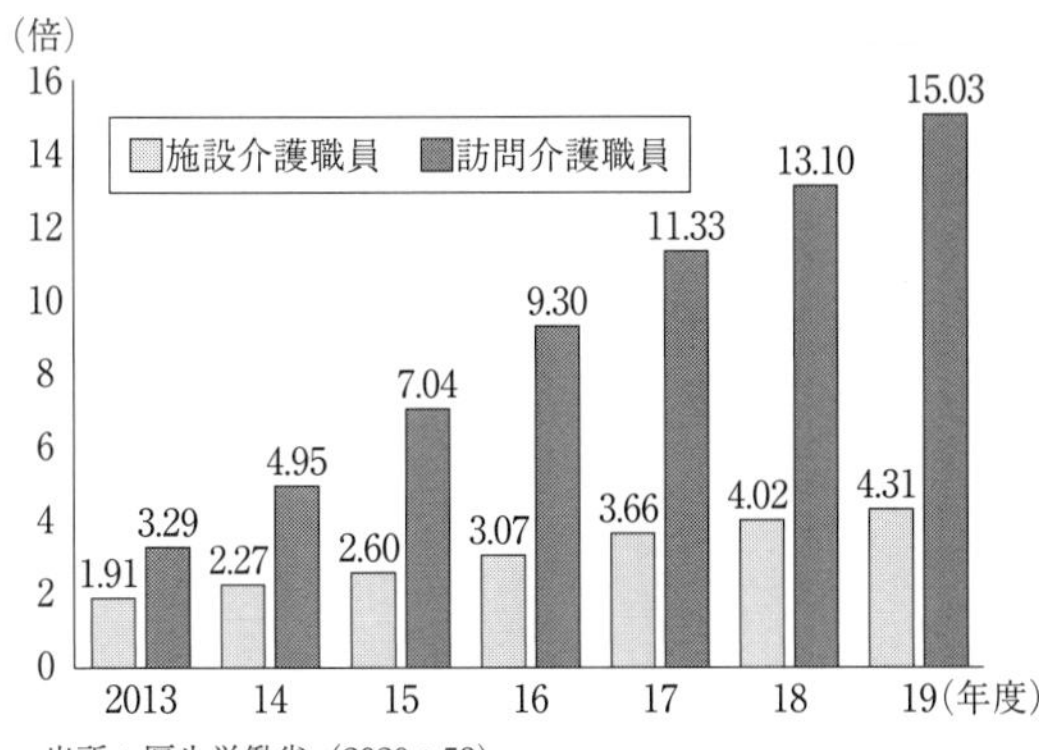

出所：厚生労働省（2020：53）。

きな動揺が走った。そこで示された、経年の有効求人倍率では、施設介護職員でも二〇一三年の一・九一倍から二〇一九年の四・三一倍への悪化は大きなものであるが、訪問介護職員においては、二〇一九年度有効求人倍率が一五・〇三倍にも上る（図4-3）。ここからも、この間の介護人材対策では、十分な効果が導かれているとは言えない状況となっている。他産業においても人材不足が進行する中で、介護分野の人材不足は悪化の一途をたどっているのである。

そもそも、本来は労働市場の中で醸成されるべき介護の労働価値が、処遇改善の名の下に国庫補助の投下や報酬加算によって底上げされている状況は極めて異例である。国家資格である介護福祉士や社会福祉士の専門性や社会的役割の議論をせずに、介護の労働価値に対する社会的承認を無視した状態で公的資金を投下している現状は、介護労働の価値を一層不透明にしていると言わざるを得ない。逆に、これまでの介護報酬改定の動向や、制度の持続可能性が優先される状況において、「いずれはなくなる」可能性が否定できない公的資金の支給停止後の反動が懸念される。

「令和二年度介護労働実態調査（事業所における介護労働実態調査）」によると、介護サービスに従事する従業員が不足している理由として、「採用が困難である」が八六・六％と最も多かった。次に、採用が困難な原因を尋ねたところ「他産業に比べて、労働条件等が良くない」が五三・七％と最も高く、次いで「同業他社との人材獲得競争が厳しい」が五三・一％となっており、人口減少局面に移行した日本において、すでに他産業との人材獲得競争に介護業界が突入し、介護職員処遇改善加算がなされる中であっても負け続けていることを示している。

(2) 特別養護老人ホームA園の採用状況

介護職員処遇改善加算をはじめとする人材確保対策が講じられている中で、実際の介護現場の雇用状況を把握するため、調査協力が得られた特別養護老人ホームの採用状況についてまとめたものが表4－2である。

宮城県C町（最寄りの駅から路線バスで一時間程の距離）に立地する特養A園（定員六〇名）が隣に定員二九名の地域密着型特養を開設することにともなって職員採用を行った三年間の職員の入退職の記録である（二〇一五年一月一日～二〇一八年四月三〇日までの三年間）。

調査対象期間の三年間において特養A園（及び併設新規地域密着型特養）が採用した職員は計五一名であり、そのうち二二名が退職し、二九名が継続して就労している状況となっている（図4-4）。

まず入職者の状況をみてみると、五一名の入職時の年齢区分では、「三〇-三九歳」が一五名（二九・四〇％）で最も多く、次いで「二〇-二九歳」と「五〇歳以上」が各一一名（二一・五七％）で、平均年齢は三六歳となっていた。採用ルートとしては、新卒採用は三年間で六名しかなく、大卒一名、

表4-2　特養A園の入退職者の状況

		N	%
性　別	男	11	21.56
	女	40	78.43
入職時年齢	19歳以下	6	11.76
	20-29歳	11	21.57
	30-39歳	15	29.40
	40-49歳	8	15.70
	50歳以上	11	21.57
保有資格	資格無	8	15.69
	初任者	17	33.33
	介護福祉士	26	50.98
入職経路	新卒採用	6	11.76
	一般企業から	15	29.41
	他介護施設から	30	58.82
雇用継続	在職中	29	56.86
	退職（合計）	22	43.14
	（内訳）半年未満	6	11.76
	1年未満	6	11.76
	1-2年未満	7	13.73
	2-3年未満	2	3.92
	3年以上	1	1.96

出所：筆者作成。

図4-4　A園の採用ルート

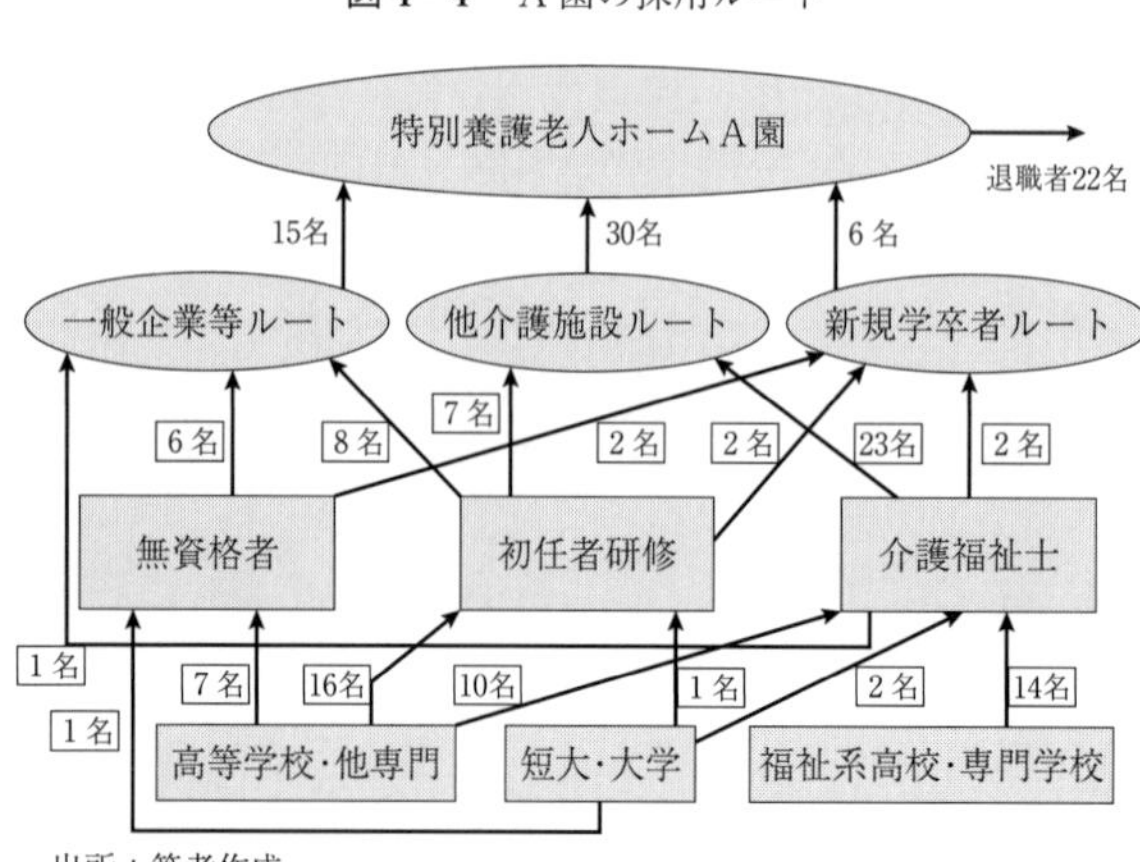

出所：筆者作成。

専門学校一名、高卒四名であった。三年間で大卒及び福祉系専門学校卒がそれぞれ一名しか採用できず、新卒は高校生頼りとのことであった。地方における学卒採用の厳しさが見て取れる。それゆえ、特養A園の職員の平均年齢は四三歳と高くなっており、職員の高齢化が徐々に進行していた。

なお、福祉医療機構が公表する「二〇二〇年度特別養護老人ホームの人材確保に関する調査について」では、四〇代が二四・七％と最も多く、次いで三〇代（二一・三％）と五〇代（二〇・三％）の順になっていた。経年の変化として男女とも三〇代の割合が低下し、男性では四〇～五〇代の割合が、女性では五〇代以上が増加しており高齢化が進行していることが明らかである（林 二〇二〇）。

同施設（本調査対象施設）で三年間で採用した五一名のうち、三〇名は他施設での介護業務経験者であり、

表4-3 介護人材確保施策の分類

1．新たに介護職として入職する者の数を増やす
a）学卒就職者からの入職者数の拡大
a-1） 介護人材養成を目的とする教育機関への入学を希望する学生を増やす
a-2） 介護人材養成を目的とする教育機関の卒業生のうち介護職として就職する者を増やす
a-3） 介護人材養成を目的としない教育機関の在学生のうち介護職を目指す者を増やす
b）他職種からの転職入職者及び無業からの入職者数の拡大
2．介護職として入職した者の介護分野における就業継続を促す
c）勤務先事業所における定着を促進する
d）勤務先事業所を離職した場合でも再び介護職を選択するよう支援する

出所：佐藤（2014：3）。

そのうち二三名が介護福祉士の有資格者であった。そのうち八名が一般企業等の福祉分野以外からの入職者は一五名で、初任者研修受講済者であった。

次に、三年間の離職の状況であるが、退職した二二名の内訳は、半年未満と一年未満がそれぞれ六名で、計一二名（二三・五％）が一年未満で退職しており、一年以上二年未満が七名、二年以上三年未満が二名で、早期退職者が多い状況となっていた。退職者の採用ルート別では、新規学卒者ルートは採用六名中一名が、一般企業等ルートは採用一五名中一〇名が、他介護施設ルートは採用三〇名中一一名が退職していた。

（3）採用ルートの限界と定着の難しさ

佐藤（二〇一四）は、人材不足に対応するための施策について、大きく「新たに介護職として入職する者の数を増やす」ことと「多職種からの転職入職者及び無業からの入職者数の拡大」から、表4-3の通りの分類を行っている。

この施策の方向を前述の特養A園にあてはめてみると、「1．新たに介護職として入職する者の数を増やす」のうち「(a)学卒就職者からの入職者数の拡大」は、三年間でわずか六名となっていることからも、ほとんど機能していないことがわかる。次いで、「(b)他職種からの転職入職者及び無業からの入職者数の拡大」については、三年間で一五名を採用し一〇名が退職する状況であることから、未経験者や異なる業種から介護業界へ就職する者の職場定着と人材育成がハードルは高いが改善の余地があるルートであると言えよう。そして、「(c)勤務先事業所における定着を促進する」「(d)勤務先事業所を退職した場合でも再び介護職を選択するよう支援する」については、「他介護施設ルート」で入職した三〇名が該当し、そのうち退職した一一名はいずれも介護福祉士であり、短期間で介護施設の転職を繰り返す労働者群の存在が示唆される結果となった。なお、退職した介護福祉士の退職理由としては勤務や待遇面での不満が四名、人間関係が五名、結婚一名、腰痛一名となっていた。

3　介護労働の魅力向上という経営戦略

(1)　介護の商品化がもたらしたもの

市場にサービスが委ねられるようになった介護保険制度の歴史は、その一側面において、給付管理の厳格化を導くために本来あるべき介護が個々の行為に切り刻まれ、業務化されてきた歴史でもある。

介護保険法第二条で「被保険者の要介護状態又は要支援状態（以下「要介護状態等」という。）に関し、必要な保険給付を行うものとする」と規定されている通り、あくまでも社会保険の保険給付の仕組みとして構築されている。そのため給付を受ける利用者は、介護の必要度をニーズではなく「要介護認定等基準時間」により、状態を区分（要介護認定等に係る介護認定審査会による審査及び判定の基準等に関する省令）される。つまり、厳密な給付管理を行うため、介護の必要度が「時間」に置き換えられているのである。

また、介護の必要度に対する介護サービスについても、行為に置き換えられる。例えば、「訪問介護におけるサービス行為ごとの区分等について」（平成一二年三月一七日老計第一〇号厚生省老人保健福祉局老人福祉計画課長通知）では、「排泄介助」のトイレ利用においては、「トイレまでの安全確認→声かけ・説明→トイレへの移動（見守りを含む）→脱衣→排便・排尿→後始末→着衣→利用者の清潔介助→居室への移動→ヘルパー自身の清潔動作」としている。また給付の厳格的な運用を図るため、提供される行為についても、例えば生活援助の範囲に含まれないものとして「直接本人の援助」に該当しない行為は行えないと定められる等、給付の対象となる行為と対象とならない行為に規定された。

本来、個人の生活上の困難や困りごとに寄り添い、手を携えて利用者の生活そのものを支援する「介護」が、給付対象となる行為と対象外となる行為に細分化されたのである。

他方、特別養護老人ホーム等の施設における介護サービスについても、ケアプランと個別支援計画、栄養マネジメント計画、機能訓練計画、看護計画等、他専門職が立案する諸計画を前提として、介護報酬における各種の加算の要件が示され、行うべき内容が手順書やマニュアルにより標準化され、シフト勤務の介護職員が時間内で提供できるように介護の業務化が進行してきた。早番の行う業務内容、日勤帯の職員が行う業務内容と作業手順が定められ固定化されてきた。

加藤（二〇〇二）は、介護保険制度導入後の介護サービスの状況について、訪問介護を例示しながら、契約で定められた「サービスのパッケージ化」が進み、利用者の状態に即応する介護労働者の主体的判断や裁量権が奪われ、福祉労働の「商品化」が導かれたと指摘している。

介護サービス提供施設・事業所は、制度ビジネスに準拠したサービス供給主体として制度に組み込まれ、介護職員は、クライエントの生活上の諸問題に対応する専門性の発揮を奪われ、制度により調整可能な範囲において選別的にニーズを把握して給付管理の対象とする行為のみを効率的に行う介護の業務化の中で、介護労働の魅力が失われてきたことは否定できないのである。

(2) 職場の不満を解消しても意欲は湧かない

全労連（全国労働組合総連合）が二〇一八年一〇月から二〇一九年一月にかけて実施した介護労働実態調査（N＝3,821）によると、「『こんな仕事、もう辞めたい』と思うことはありますか」という設問に対して、「いつも」（一〇・八％）、「ときどき」（五三・七％）、「思わない」（二八・一％）、「わからな

図4－5　今の仕事を辞めたいと思う理由（3つまで）

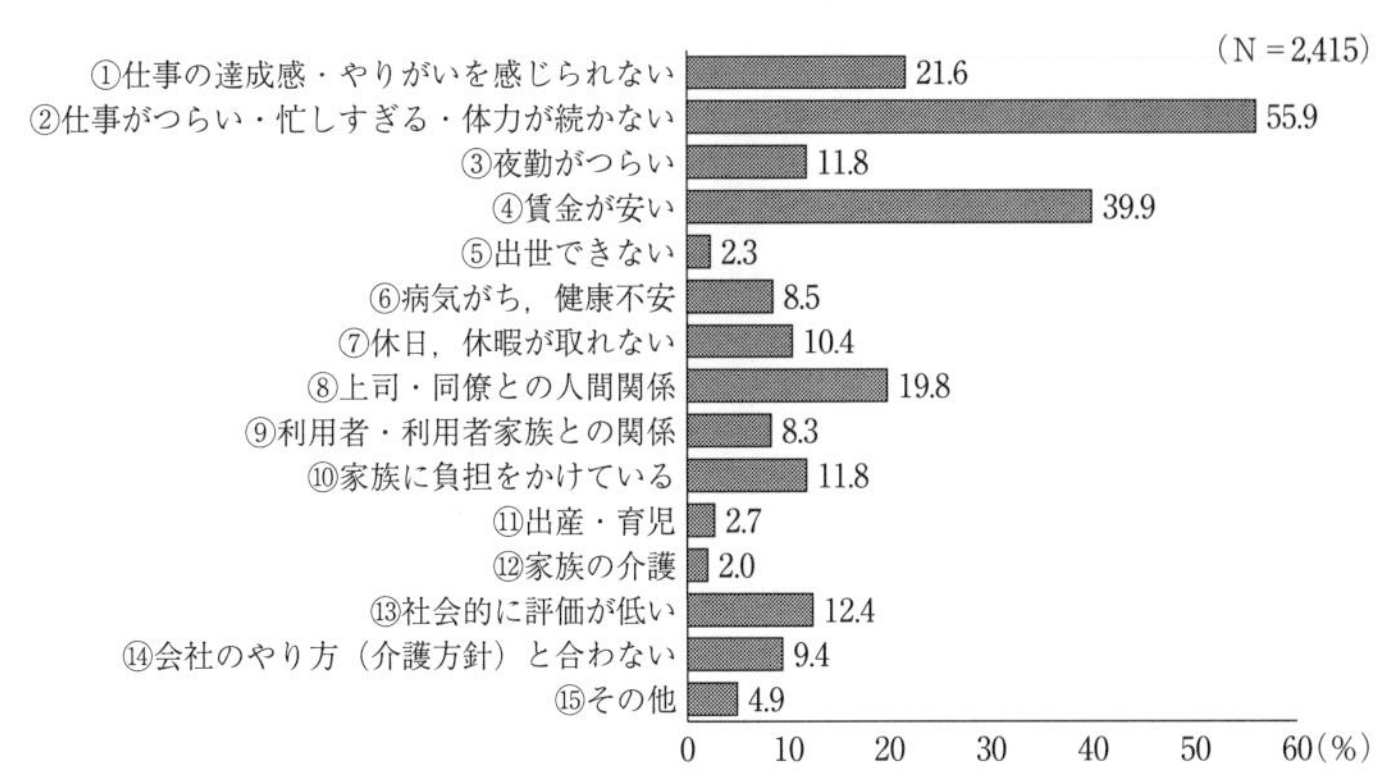

出所：全国労働組合総連合（2019：28）。

い」（七・四％）となった

そして、「『こんな仕事、もう辞めたい』と思うことはありますか」に「いつも」「ときどき」と回答した六四・五％（N＝2,415）に対して、「仕事を辞めたいと思う理由」（三つまで）を選択してもらったところ、「仕事がつらい・忙しすぎる・体力が続かない」が五五・九％と最も多く、次いで「賃金が安い」が三九・九％となった一方で、「仕事の達成感・やりがいを感じられない」（二一・六％）や「上司・同僚との人間関係」（一九・八％）といった項目が入っている（図4－5）。

モチベーション理論で有名なハーズバーグの二要因理論（動機づけ要因・衛生要因）では、会社の運営方針や経営理念、労働対価、職場の人間関係、労働条件や作業環境、賃金、上司の雇用監理等は「職務に対して不満をもたらす要因」（衛生要因）とされる。

重要なことは、この衛生要因を解消しても、「よし、頑張ろう！」という積極的なモチベーションの喚起にはつながらない点である。不満を解消すれば労働意欲は上がるものではなく、労働意欲を動機づける要因は別に考えなければならない。それは、仕事の達成感、仕事への熱意・興味、与えられた責任と権限、社会的承認や自身の成長だという。

ならば前述の介護労働実態調査報告で注目すべきは、「仕事の達成感・やりがいを感じられない」という項目を重視し、介護労働者が仕事に達成感とやりがいを感じられるようにする必要があるだろう。

(3) 介護職員の労働意欲を導くために

介護職員の労働意欲（モチベーション）に関する研究について、例えば、白石ら（二〇一一）が行った調査（介護職員一〇九六人、看護師一三五八人）によると、介護職員や看護師のワークモチベーションについては、リーダーとなって他の従業員に助言・指導すること等の「リーダー志向」、自分が役に立っていると感じること等の「目標達成・有能感」、従業員同士の関係が円満であること等の「協働」、育児や介護を続けながら働けること等の「ライフスタイル重視」、自分で創意工夫して仕事に取り組めること等の「自律」の計五つの因子の存在が示唆されている。

また、八巻（二〇一三）が行った介護職員を対象とする調査（有効回答一四六）によると、「介護の仕事をしていて喜びや充実感を感じるときはどのようなときか」という質問に対して（複数回答）、「利用者の笑顔を見たとき」と回答した者が最も多く（一二一名：八二・九%）、次いで「利用者に信頼されていると感じたとき」（九八名：六七・一%）、「利用者から感謝のことばを言われたとき」が（九四名：六四・四%）、「職場内の人間関係やチームワークがよいとき」（八四名：五七・五%）、「利用者の家族に信頼されていると感じたとき」（七七名：五二・七%）という順になった。

重要なことは、介護労働者が有する専門性を発揮できる職務を与え、職員間の凝集性を高めて協働できる環境を用意することは、国が何らかの法令を定め通知を出すといった制度政策レベルで対応できるものではなく、各々の施設・事業所の経営レベルにおいてのみで構築することができるという点につきる。それゆえ、未曾有の人材不足とも言われる介護業界において、職員採用に苦慮する多くの事業者の中にあって、優秀な職員を多く雇用し安定的な事業運営を行っている事業所や法人の経営に注目が集まっているのである。また、これは、CS（利用者満足）とES（従業員満足）双方を重視し、人材育成と職場環境の改善に注力した事業所の優位性に注目が集まっているとも言い換えられる。

労働者に選択される「あの施設は良い」という基準についての体系的研究は少ないものの、ブラック企業・ホワイト企業といった労働環境への関心の高まりは、ワークライフバランスを重視する現況の労働市場の潮流からみても明らかであり、施設や事業所経営における人的資源管理の重要性は、介護事業所・施設の経営における最重要課題となっていると言っても過言ではない。

参考文献

加藤薗子（二〇〇二）「社会福祉政策と福祉労働」植田章・垣内国光・加藤薗子編『社会福祉労働の専門性と現実』かもがわ出版、一四-三五頁。

厚生労働省（二〇一九）「介護人材の確保・介護現場の革新（参考資料）」（社会保障審議会介護保険部会第七九回、二〇二二年四月二〇日閲覧）。

厚生労働省（二〇二〇）「資料二 訪問介護・訪問入浴介護」（社会保障審議会介護給付費分科会第一八二回、二〇二一年一〇月三〇日閲覧）。

小寺俊弘（二〇一九）「平成三〇年度『介護人材』に関するアンケート調査の結果について」『Research Report』福祉医療機構（二〇二二年四月二〇日閲覧）。

佐藤博樹（二〇一四）「介護人材の需給構造の現状と課題」『介護人材需給構造の現状と課題――ケア提供体制の充実と担い手確保に向けて』労働政策研究・研修機構、一-一〇頁。

社会保障審議会介護給付費分科会（二〇二〇）「令和三年度介護報酬改定に向けて（介護人材の確保・介護現場の革新）」（第一八六回資料一）。

白石旬子ほか（二〇一一）「介護職員のワークモチベーションの内容および、ワークモチベーションの内容とキャリア・コミットメントの関連――看護師との比較による介護職員の特徴」『介護経営』六（一）、一六-二八頁。

全国労働組合総連合（二〇一九）「介護労働実態調査 報告書」（二〇二二年四月二〇日閲覧）。

ハーズバーグ、フレデリック／北野利信訳（一九六八）『仕事と人間性――動機づけ―衛生理論の新展開』東洋経済新報社。

早坂聡久（二〇一九）「福祉サービスの特性と経営の視点」『福祉サービスの組織と経営 第3版』弘文堂。

林和希（二〇二〇）「特別養護老人ホームの人材確保に関する調査について」『Research Report』福祉医療機構（二〇二二年四月二〇日閲覧）。

森川美絵（二〇一四）「社会政策におけるケアの労働としての可視化——介護労働の評価からみた介護保険制度の課題」『社会政策』五（三）、二五‐三七頁。

八巻貴穂（二〇一三）「介護福祉専門職の仕事のやりがい感に影響を及ぼす要因」『人間福祉研究』（一六）、二七‐三六頁。


（早坂聡久）

第5章　賃金問題だけでない介護人材不足の要因

1　介護人材不足は組織的問題

（1）介護人材不足の要因

繰り返しになるが、一般的に介護人材不足の要因には「低賃金」「介護職のイメージの悪さ」などが挙げられる。しかし、筆者は、図に示すように①～⑥の要因に分類できると考え、特に、これまで⑤と⑥はあまり重視されてこなかったと分析している（図5－1）。

実際、介護人材に困らない事業所も少なからずあり、それには地道な人材確保・定着の努力が窺える。その意味では、介護経営者及び中間管理職らが、これらの問題に真剣に取り組んでいるか否かで状況は大きく異なる。

（2）人材確保の一般的な手法

介護経営者に介護人材の「確保」手法を聞くと、一般的には、①ハローワークに公募する、②新聞折込み等に公募チラシを依頼、③高校、専門学校、短大、大学の就職課を訪問する、④既存の職員に誰かいないかと依頼（就職に結びつくと五万円前後の紹介料としての謝金）、⑤インターネットを活用した公募、そして、⑥最後は派遣会社・人材紹介会社に依頼する、などを耳にする。[1] 確かに、これら六つの手法は常道であり、一定の効果はある。実際、これらの手法しか思いつかず人材確保に苦慮し、最後にやむなく⑥の派遣会社や人材紹介会社に依頼して対応している介護事業所も少なくない。

しかし、少子化による人口減少社会の中では、このような通常の手法では、「人」が集まるはずがない。まして、公共交通機関が不便な事業所では、通勤問題等で敬遠されがちだ。これは介護分野に留まらず全産業でも類似した傾向で、多くの事業所は人材確保に頭を悩ましている。

図5－1　介護人材不足の要因分析

①賃金水準の低さ
②職種としての負担
③社会的イメージ（社会的評価）
④他産業の人材不足（生産年齢人口の減少）

⑤要介護者及び家族のモラルのなさ
⑥介護現場の指導力・養成力の欠如

↓

現場で環境を変えていく要素

出所：筆者作成。

（3）確保と定着は車の両輪

もっとも、せっかく介護職の採用までにこぎつけ、しばらく働

図５－２　介護人材の定着が新たな確保につながる
——現に働いている介護職の定着率が高い

・有給休暇がとりやすい，希望休がかないやすい
・OJTがしっかりしている，指導が丁寧である
・給与や福利厚生が良い
・上司がよく話を聞き，職員の考えが仕事に反映しやすい
・目標となる先輩職員がいて，希望をもって働ける
・研修などが充実して自己研鑽につながる職場である
・ブラック企業でない

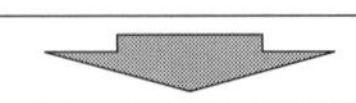

口コミで人材が集まってくる。高校や専門学校の後輩や他の介護事業所で働く介護職が，「噂」を聞いて応募してくる

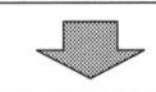

人材確保＝人材定着

出所：筆者作成。

いたとしても、それらの「定着」において苦慮する介護経営者及び中間管理職も多い。確かに、高卒や専門卒といった新卒を運よく採用できても一年以内で辞めてしまうケースが多く、介護人材の「定着」に頭を悩ましている者が多い。しかし、繰り返すが、このような「石の上にも三年」といった発想そのものが時代錯誤といえる。

　そもそも、「確保」と「定着」は車の両輪であり、「定着」することで新たな「人材」確保ができるといった発想が重要であり、この因果関係を理解しないと人手不足の日本社会では対応が難しい。

　つまり、人材が「定着」する事業所では、口コミで「人」が「人」を呼んでくる。働きやすい職場であれば、隣接する労働環境が悪い事業所から介護職員のつながりで人が集まるのである（図５

－2）。いわば「定着」している介護事業所は、働きやすいという噂で「人」が自ずと集まってくる。逆に言えば、労働環境が悪い介護事業所が多い中で、働きやすい職場であれば人材確保が比較的容易になるというわけだ。

2　賃金と休日

一般的な介護人材不足の背景には、全産業と比べ年収ベースで地域や場所によって差はあるが五〇～一〇〇万円以上安いといったことが指摘される。命を担う「介護」という職種であっても、これだけの年収差があると、労働市場では勝てないというのが通説である。政府も介護職に対して処遇改善策を講じており、従来と比べ年収ベースでは引き上げられているが、他産業の「賃金」水準も上がっているため、なかなか差が埋まらないのが現状だ。

さらに、年間休日といった視点も重要であろう。年間休日というのは介護現場では「公休」を意味し、これらの休日を基に毎月のシフトが組まれる。そして、働き方改革によって有給休暇も五日の取得が義務づけられている。厚生労働省の資料をみてみると、「医療・福祉」部門における年間休日で一二〇日以上を占める事業所の割合は約二〇％である。決して多いとはいえない。

一方、「情報通信業」「学術研究、専門・技術サービス業」部門は、年間休日一二〇日以上となって

表5－1　主な部門別年間休日の実態

（%）

	69日以下	70～79日	80～89日	90～99日	100～109日	110～119日	120～129日	130日以上
医療，福祉	－	4.0	4.0	6.2	40.4	24.7	19.4	1.2
情報通信業	0.5	0.3	－	2.7	8.5	22.2	64.0	1.7
学術研究，専門・技術サービス業	－	0.4	－	1.1	7.5	34.2	55.5	1.3
運輸業，郵便業	3.3	8.7	11.5	13.0	40.2	13.3	10.0	－
宿泊業，飲食サービス業	4.6	7.6	18.0	16.9	41.4	3.3	8.2	－
全産業平均	1.4	3.6	6.3	9.1	34.0	20.5	23.8	1.2

出所：厚生労働省（2018：5）を基に筆者作成。

いる事業所が多い（表5－1）。毎月、土日及び年間「祝・祭日（振り替え休日含む）」「年末年始休み」等を平均して考えると（日本の「祝・祭日」は年間一七もしくは一八日間ある）、最低毎月一〇日は休日になるべきであろう。つまり、年間休日が一二〇日以下であることは、「祝・祭日（振り替え休日含む）」が保障されていないことを意味する。つまり、「運輸業、郵便業」「宿泊業、飲食サービス業」部門は、年間休日数が低くなっており、休日が少ない部門といえる。

3　ブラック企業も少なくない

（1）労務法規違反の介護事業所

二〇一九年に厚生労働省北海道労働局が監督指導を行ったのは二〇三の介護事業所で（図5－3）、労働基準関係法令違反が確認されたものは一三八事業所（六八・〇％）となっている。少なくとも北海道内でこれだけの介護事業所が法令違

図5-3　監督指導実施事業場数等の状況（北海道）

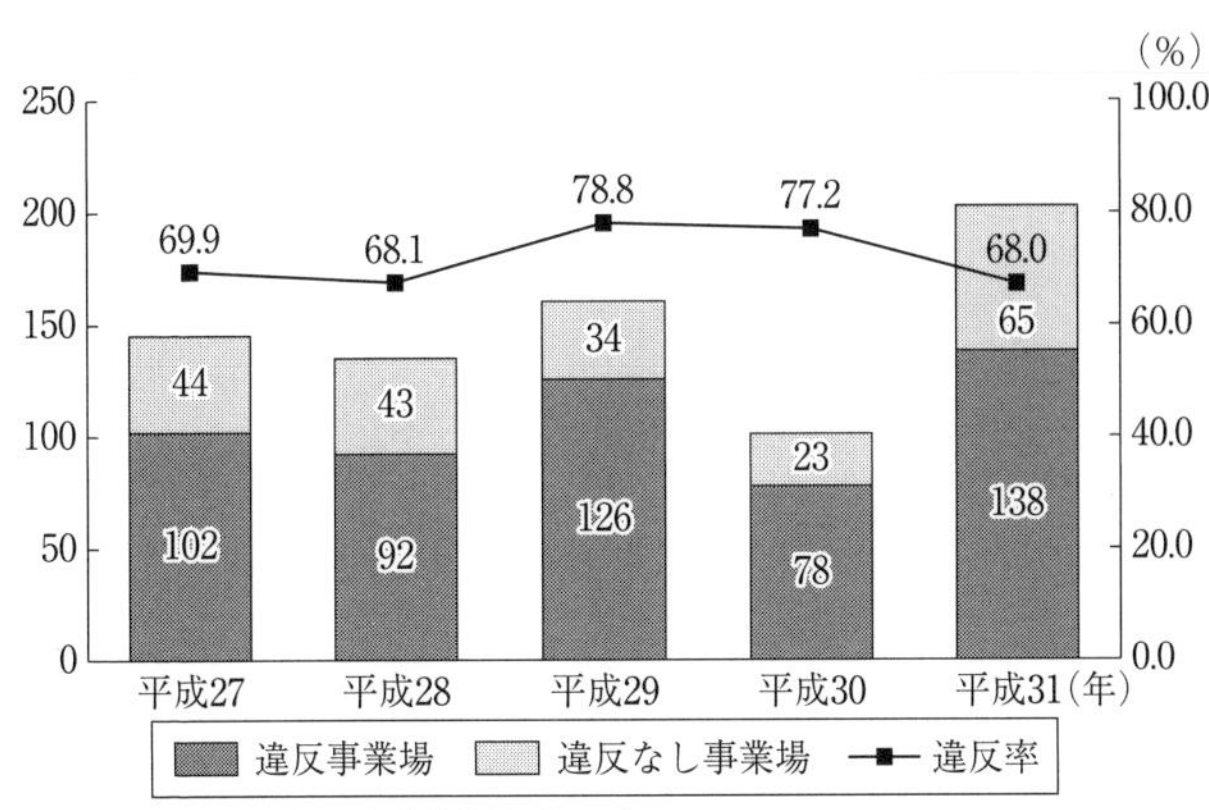

出所：厚生労働省北海道労働局（2020）。

反として明るみになっているため、全国ベースで考えればかなりの「ブラック企業」といえる介護事業所が存在することになる。

主な法令違反の内容は、以下の通りであった（厚生労働省北海道労働局 二〇二〇）。なお、一事業所で複数の違反が確認された事例もある。

① 労働時間に関する事項 九七件（二三・四％）
② 割増賃金の支払に関する事項 七四件（一七・九％）
③ 安全衛生管理体制に関する事項 四九件（一一・九％）
④ 健康診断の実施に関する事項 二九件（七・〇％）
⑤ 医師の意見聴取に関する事項 二九件（七・〇％）

労働基準監督署による「監督指導」とは、労働基準監督官が労働基準関係法令に基づき事業所に対する調査であり、法令違反等がある場合にはその是正等についての指導を行うものである。基本的に介護業界に限らず事業所に監督指導が入ることすら問題であるにもかかわらず、実際、監査指導に入った件数のうち約八割が法令違反であるというのは看過できないであろう。

仮に、介護職員らは自分の働いている職場が、「決まった休みがとれない」「サービス残業が多い」「労働時間に問題がある」などの疑問を抱き、労働基準監督署に相談に行き、監査指導に入れば、一定の法令違反が明確になると考えられる。

(2) 介護職の「きつい」には二つの意味がある

介護職のイメージとして「きつい」ということで、「きつい」「きたない」「きけん」といったように、「3K」と評されることがある。例えば、「夜勤」「不規則勤務」「認知症高齢者の対応」など、他職種と比べて介護職そのものの「きつさ」である。しかし、「労務法規」が守られていない「きつさ」もある。特に、多くの介護現場では「人」が足りないため、これらの「きつさ」が常態化してしまっている。

このような「労務法規」が守られていない「きつさ」は組織的な要因であり、経営者や管理職の努力次第では是正できる「きつさ」だ。これらの「きつさ」を整理して考えず、すべて「仕方のないこと」と、片づけてしまっている。

4　介護事業所の四類型

(1) 厳しい介護経営

二〇一八・二〇二一年度の介護報酬改定はプラスであった。例えば、二〇一八年度改定の主な介護サービス部門の人件費比率は上がっており、収支比率もマイナスとなっている（表５‐２）。これは他産業の給与水準も上がっており、介護報酬がプラスになっても労働市場で介護分野が競争に勝ちにくい（人が集めにくい）ため、収益をさらに人件費に上乗せしていることが理解できる。収益が下がれば、「介護職員の研修費」「介護職員の福利厚生」「過員となる人材を雇用する」ことが難しくなり労働環境は悪くなってしまう。

(2) 介護事業所の四類型

しかし、介護職員が働く事業所も一律ではない。筆者は、大きく介護事業所を四類型に分けることができると考える。繰り返すが、長年、筆者は大学で福祉人材の養成に関わり多くの介護職員をゼミ生から輩出してきた。一五年間の教員生活の中で、介護職に就いても短期一年も満たずに離職する者

表５－２　主な介護サービスにおける収支差率と給与費割合差　（％）

	収支差率の差 対2017年増減（2018年度）	給与費割合の差 対2017年増減（2018年度）	収入に対する給与費の割合（2018年度決算）
介護老人福祉施設	0.1	△0.2	63.6
介護老人保健施設	△0.3	0.7	60.5
短期入所生活介護	△1.5	0.8	64.1
訪問介護	△1.5	0.8	77.2
通所介護	△2.1	1.4	63.3
訪問看護	△0.3	0.0	76.5
小規模多機能型居宅介護	△0.5	0.8	68.5
認知症対応型共同生活介護	△0.5	0.2	61.8
居宅介護支援	0.0	△0.3	83.4
福祉用具貸与	△0.6	0.5	36.5
特定施設入居者生活介護	0.6	0.0	44.6

注：(1)　税引後収支差率。
　　(2)　給与費割合の差は一部サービスで介護予防を含む。
出所：厚生労働省老健局老人保健課（2019：2）を基に筆者作成。

もいる反面、長年、働き続けるケースもあり二極化しているのが現状である。
そこで、これまでの卒業生の就職・退職状況に鑑みて、大きく介護事業者を四類型した。これらの特徴を分析しながら、きめ細かく介護人材不足の対策を講じていく必要があろう。

①　社会福祉法人・医療法人といった大規模事業所

「ルーチン的介護」「マンネリ化（保守的）」「安定的な給与・休み」「親族経営」「人間関係が保守的」といったイメージが先行される。なお、「福祉」といったイメージを強く持つ学生などの関心が高い。系列の介護施設が複数あるため管理職のポストも多々あり、

「人事異動」も可能。賞与年間四・〇カ月前後、定期昇給なども収入面で安定傾向といえる。

②　在宅・有料老人ホーム・サ高住などが中心（業界大手株式会社系介護事業者）

多様な職場があり「保守的」な介護イメージは払拭されている。比較的「介護職」に捉われずビジネス的様相があるため、「福祉」というイメージばかりではなく営業業務もある。しかし、全体的に賞与は少なく（業績に応じて不安定）、①社会福祉法人・医療法人と比べても年間賞与は低い傾向。しかし、介護職から「エリア・マネジャー」などに昇進すれば、一定の収入が確保されるが人数が限られる。なお株主が背後に存在するため、配当金・株価などの側面も経営に左右されがちである。

③　ベンチャー企業ともいえる小規模介護事業者

「福祉」というよりも、むしろ「ビジネス」様相の強い介護事業者。若い経営者が多く、前述した①②といった大手の経営方針に疑問を抱き、経営者のオリジナル（介護ビジネス観）で事業が展開される。学生にとっては「単純介護職」といった側面が払拭され、多様性に希望が持てる。ただし、経営的に不安定要素は否めない。介護保険外のサービス展開なども模索。わずかな一部の幹部職員の給与が高い側面は否定できず、一般的な介護職員の給与・賞与は低い傾向にある。

④　「介護」哲学重視・地域密着傾向の小規模事業所（NPO、小規模社福、有限など）

小規模多機能居宅介護、グループホーム、開業医による付属介護事業者、在宅系介護事業者など、経営者の「カリスマ性」といった「介護観」に依存する傾向。介護哲学などが先行され、働く者も

図5－4　介護事業者4類型における特徴図

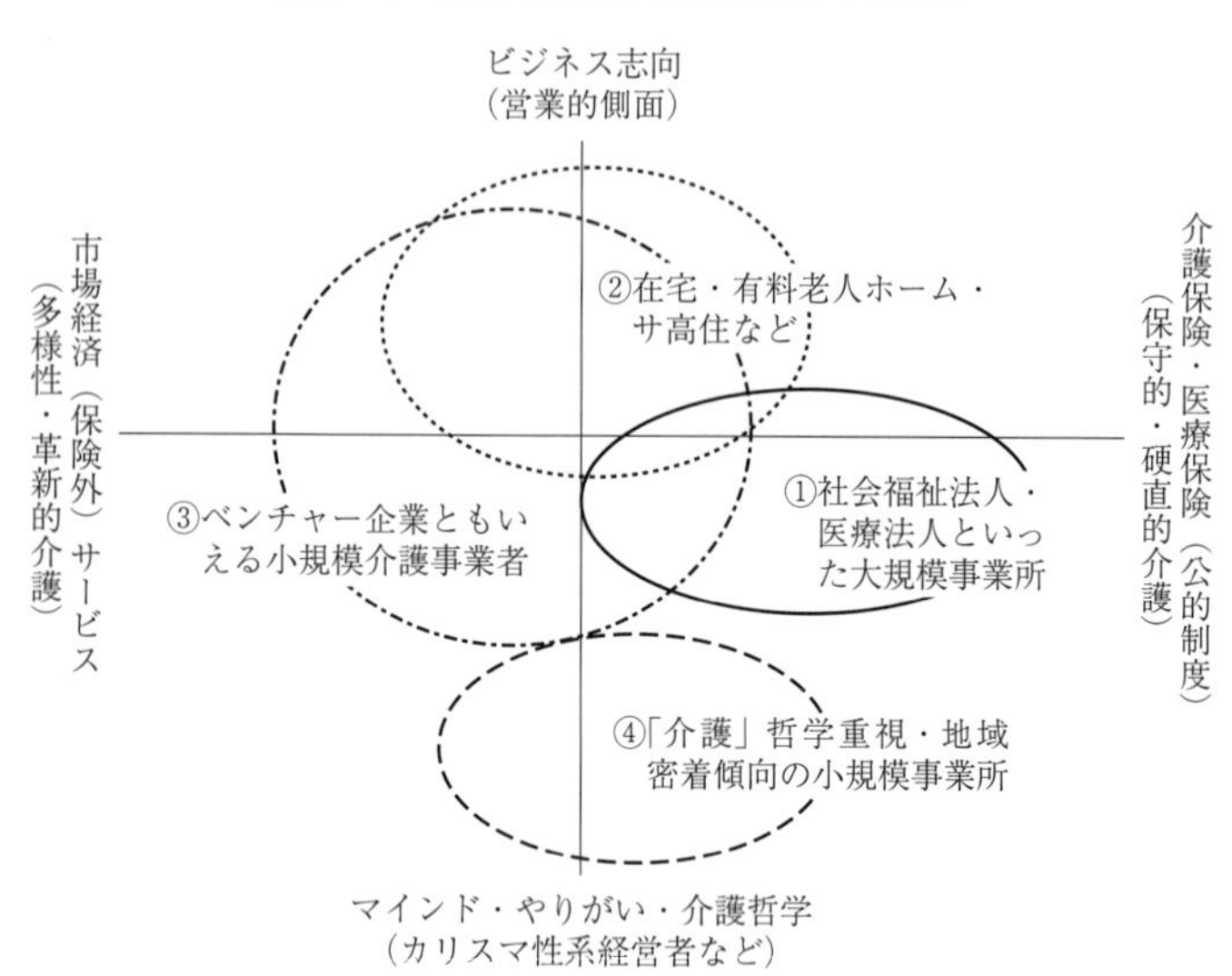

出所：筆者作成。

「賃金」というよりは「やりがい」「ケア哲学に惚れ込む」「地域の中での介護」「この経営者の下で働きたい」といった意識が強い。その意味では、経営・給与（賞与）が不安定で賞与が無いケースも珍しくない。

（3）四象限分析

なお、図5－4に示す四類型を、「介護保険・医療保険」「マインド・やりがい・介護哲学」「市場経済（保険外）サービス」「ビジネス志向」といった四象限に照らしながら、一定の特徴が見出せると考えた。もちろん、必ずしもあてはまらない事業所があることを、筆者も承知している。

その中でも、①分類に多く見られる事業所は、戦後もしくは戦前に創立された法人による介護施設及び在宅部門は、財政力もしっかりしているため、介護業界の中では職員らの労働環境は良い。特に、医療法人が母体となっている介護事業所は、研修制度などが「医療モデル」で実施されるため、体系的な指導方針が構築されている。なお、四類型にあてはまる④の介護事業所は、在宅系サービス提供者が多く、介護職員らの賃金、休みといった側面では厳しいケースが目立つ。しかも、働く職員らも六五歳以上の者が多く、七〇歳の介護職員による新しい「老々介護」ともいわれている。

もっとも、②③といった株式会社などが母体となっている事業所は、「介護サービス」を通常のサービスと考える傾向があり、要介護者及び家族を「お客様」と捉える傾向がある。そのため、低所得者で処遇困難ケースの場合、その対象から外れる傾向が目立つ。ただし、一部、生活保護受給者を対象とした「貧困ビジネス」といった視点で事業を展開しがちである。

5　介護人材派遣会社に依存する動き

介護人材不足の対策として、平時から介護人材派遣会社（以下、派遣会社）を活用する動きが見られる。実際、派遣会社に登録している潜在介護職員は多く、一種のビジネスとして注目されている。この度のコロナ禍によって、より深刻化している介護人材不足の対応として各介護事業者が派遣会社を

図５-５　介護事業収入に占める派遣料金の割合

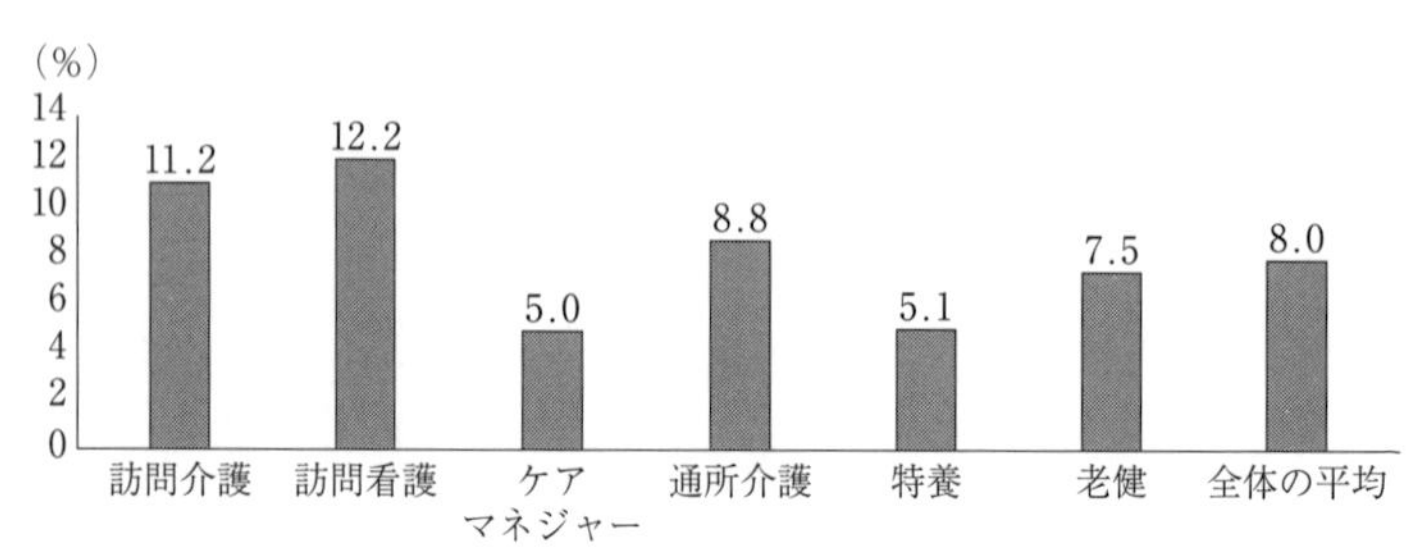

出所：介護労働安定センター（2021：資料編80）。

頼りにしていると考えられる。実際、筆者の知人である派遣会社の担当者数人に聞いたのだが、「平時にも増して派遣依頼の問い合わせが多く、特に、新型コロナ禍において新たな採用が困難であったため、ニーズが高まっている」という話であった。

介護事業収入に占める派遣料金の割合は全体の八・〇％であるが、一割を超える介護分野も珍しくない（図５-５）。つまり、例えば、一事業所の収入が一〇〇万円であれば、人材を派遣してもらうために、その一割である一〇万円を派遣会社に支払っていることになる。本来であれば、直に人手を雇用できれば、派遣会社にマージンを支払う必要はない。いわば経営的にも無駄な支出と言えなくもない。

かつて筆者は、派遣会社に登録する潜在介護職員に話を聞いたことがあるが、派遣社員として介護職に就くメリットとして、①残業が無い、②責任のある仕事を任されない、③組織にしがらみが無い、④嫌になったらすぐに職場を変えることができる、⑤日勤のみの仕事を選択できる（もしくは夜勤のみの仕事も含む）といった点を挙げてくれた。確かに、「産休・育休」「結婚退職」などの理由で急に介護職員が辞めることもあり、その穴埋めとして派遣会社から人材を充てることは、人事マネジメントとして常識の範囲であろう。しかし、慢性的な人材不足の中で新規・中途採用（リクルート活動）獲得のための努力を怠り、派遣会社に依存する傾向は、いずれ組織的に問題が生じることとなる。

ただ、コロナ禍による人材不足対策として、一時的に派遣会社を活用して人材を補填する対策はやむを得ないかもしれない。しかし、それが常態化してしまうと、その組織は非常にマイナスとなると考える。

6　ユニークな人材確保・定着手法

いずれにしても、人材「確保」には、ユニークな手法でないと一定の効果は期待できず、ただ単に「人がいない！　慢性的な人材不足だ！」と愚痴を言っても仕方がない。その意味で、筆者がこれまでの研究の中で印象に残った介護人材確保の方法について述べていきたい。

(1)　就職祝い金として中古車をプレゼント

公共交通機関の不便な事業所では、新卒の学生に就職してくれたら、「約五〇万円相当の中古の軽自動車」と、「運転免許取得のための経費（合宿）約三〇万円」を就職祝い金としてプレゼントしている。ただし、一年間だけは就業の義務がある。

この事業所は、地方にあり通勤の問題で新卒者がとれないと悩んだ末、インパクトのある方法で人材確保に乗り出している。そして、一年間働いてもらい、雇用環境が良好であることを理解してもらいながら定着につなげる努力をしている。仮に、一年間で辞めてしまっても、それは「定着」させる努力が事業所側に無かったと反省することにしているという。確かに、派遣会社や紹介会社に依頼しても、何十万円と費用がかかることを考えれば、経費的にもさほど大差はない。

(2) 返済義務のある奨学金を在職中は全額肩代わり

最近、よく見かけるのは、専門学校、短大、大学における奨学金の返済を肩代わりする事業所である。筆者は現場の大学教員として、奨学金返済の負担に苦慮する卒業生の声をよく聞く。返還義務のある奨学金を受け取ると、就職後、約二〇年間毎月一〜二万円を返済しなければならない。

日本学生支援機構の調査によれば、約五〇％の学生が奨学金を受給している。確かに、進学率が高まることは好ましいが、学生が借金を背負うことでその向上が達成されているともいえる。いわば四年制大学の進学率向上は、若者の貧困を助長させる一因とはなってはいないだろうか。そこで、若者支援という大義名分で、返済義務のある奨学金を受給した職員のために、その返済金をすべて肩代わりするのである。

(3) 資格取得費用や研修は勤務扱い

介護福祉士や社会福祉士の資格を在職しながら取得する職員に対しては、それらの経費（通信講座や研修費）は事業所が全額負担し、しかも、その研修日の出席も勤務扱いとしているケースがある。資格は職員個人も財産となるため、自費で有給休暇を取得しながら取得するのが一般的な事業所のスタンスであるが、福利厚生の観点からすべて事業所が責任を持つという姿勢で人材確保・定着を図っている。

特に、介護福祉士資格取得者が増えれば、いずれ介護報酬上の「加算」を得られるという事業所側の中長期的な視点に立って、試験対策の勉強会にも残業手当をつける事業所がある。一人でも多くの介護福祉士が誕生すれば、それだけ「加算」が得られるのである。

(4) 定着には「同期」の存在が大きい

なお、介護事業所が介護人材の定着には、「同期」の存在意義を熟知しているか否かで大きく違う。法人規模にもよるが、毎年四～五人採用している場合、新人研修などを実施し、半年後にフォローアップ研修をすることで、「同期」のつながりを構築していく。特に、新卒者であればなおさらである。

例えば、数カ所の介護施設を運営している法人に三名の新卒者が入社したとすると、各部署に一名ずつ配属してしまうのが通常である。人手不足の中で、人事部は各部署に配置していくことを考えるからである。新人研修など不慣れな職員が一カ所の施設に三名在職すると、指導・養成に手間がかかることもあって、一介護事業所当たり一名の新卒というのが一般的であろう。しかし、このような人事配置は、「同期」による人間関係の重要性を理解していない経営者であり、みすみす「同期の仲間意識」を分散させてしまうことになる。

（結城康博）

注

（1）二〇一九年一一月一一日に介護事業者経営集会での筆者によるヒアリング。

参考文献

介護労働安定センター（二〇二一）「令和二年度介護労働実態調査事業所における介護労働実態調査結果報告書」。

厚生労働省（二〇一八）「平成三〇年就労条件総合調査の概況」。

厚生労働省北海道労働局（二〇二〇）「平成三〇年に介護労働者を使用する事業場に対して行った監督指導の結果——約八割の事業場に対して労働基準関係法令違反の是正を指導」。

厚生労働省老健局老人保健課（二〇一九）「令和元年度介護事業経営概況調査結果の概要」。

第Ⅱ部　介護現場のリーダーが取るべき態度と責務

第6章　介護現場のリーダーに求められる「ともにある」態度
――「臨床」と「管理」から考える人間関係とリーダーシップ

1　職場の人事管理

（1）人事管理の基盤となる人間関係

介護施設はどこも、利用者に質の高い福祉サービスを提供し、効率的に組織を動かすことを目標としている。人が人を介してサービスを提供する介護施設は、人材が要（かなめ）であるため、人事管理は最重要課題である。人事管理の共通認識の一つに、人間関係を良くするという考えがあり、職場の良い人間関係を構築しようと努力している。

しかし、介護現場には多様な職員がおり、同じ意識を持っているという前提に立っているとはいえ、職歴や立場の異なる職員の間で考えの違いや利害が生じるため、良い人間関係の実現は容易ではない。組織がなすべき人事管理は、採用、配置、昇格、育成、評価、考査など幅広い実務を含んでいる。こうした人事管理は、経費もかさみ組織運営における課題となる。本章では、介護施設の人事管理の実務業務・技術的側面を取り上げるのではなく、人事管理の基盤ともいえる介護現場のリーダーに求められる能力や姿勢等を取り上げていきたい。

特に人間関係の主体者である職員・リーダーは、介護現場において自らの人格をも含む自分自身を道具として用いることで業務を遂行している。そこでは、どんな姿勢、態度、あり方で利用者や一緒に働く仲間・職員に向き合うのかが問われてくる。リーダーは自分自身を活かし、人格を傾けて業務に取り組み、さらには、他の職員と良い人間関係を構築することが大切となる。そこには、組織運営に欠かせない、人材活用の要となる良質なリーダーシップが重要である。リーダーにとって必要な能力やそれを支える基盤について考えていきたい。

(2) 科学的人事管理と現代の介護施設

課題を整理するために、人事管理と人間関係との関係の歴史をひも解くところから始めたい。現代に至る人事管理や人間関係の歴史の始まりの一つが、二〇世紀初頭のテイラー（F. W. Taylor）の「科学的管理法」である。それまでは、成り行き任せに近い状況で職場の業務が管理されることなく進んでいた。しかし、コツや勘だけに頼るのではなく、仕事を標準化させ、現場の生産性向上を目指していくことが始まる。人間の業務上の行動は労働待遇に左右されるところが大きいとして、客観的な視点で管理する近代的経営管理の提唱がされた。

次に注目したいのは、フォード（H. Ford）がフォード自動車会社で行った、ベルトコンベヤによる大量生産方式である。機械に使われるようになった労働者は、延々と続く反復作業の苦痛から、転職者が続出し、雇用環境の改善が必要となった。フォード社は賃上げで労働者が自社の自動車を購入できるように試み、購買意欲の向上から労働意欲を上げようとしたが、労働意欲は長続きしなかった。

フォード社の大量生産を可能にした時代背景は、好景気で社会が活気づいていたからであるが、労働者の労働意欲は、自動車の購入という物欲を満たす単発的なものや、賃上げなどの経済的対価だけでは長続きできないことが、フォード社の事例からわかる。こうした人事管理の歴史と現代の介護施設を重ねると、人事管理を重要視する認識が低いのに気づく。介護施設では経験ある職員に役職やポジションを任せていることが多く、人事管理は経験と努力で成し遂げるべき課題と認識している向きがある。さらに、社会福祉法人立の介護施設の入居希望者は待機者が出るほどで、宣伝しなくても入居者に困らず、収入を心配する必要が今のところない。そうしたことから、人事管理を深刻に考えない職場風土が生まれやすいともいえよう。

しかし、歴史的に見ても、職場の人事管理はたやすいものではなく、学問的観点を取り入れ、科学的人事管理に取り組むべき課題であることは明白であろう。かねてより、介護施設の賃上げや待遇改善が社会的な課題であるが、前述のフォード社の例のように、そこだけに特化した改善に留まっていては、介護施設の安定した人材確保や職場定着が実現しないことは、歴史的にも明らかである点を押さえておきたい。

2　人間関係の概念の誕生

(1) 人間関係の発見

前述のフォード社の大量生産方式が陰りをみせた後、アメリカのウェスタン・エレクトリック社のホーソン工場で、メイヨー（G. E. Mayo）やレスリスバーガー（F. J. Roethlisberger）らの調査が行われ、生産性を高めるためには人間関係の改善が必要であることが示された（ホーソン実験）。

メイヨーらは、テイラーの科学的管理法やフォードの大量生産と異なるものとして、人間は感情が動き、業務上の行動を左右し、生産性に影響を及ぼす人間間（にんげんかん）での相互作用が人間関係であると結論づけたのである。こうして、生産性を向上させるには人間関係の改善が重要であるという理論が生まれ、産業界からも人間関係の重要性が着目された。二〇世紀初頭の発見であるが現在においても通用する理論であり、一般化されている。

このホーソン実験以降、人間関係の研究が進み概念化されていった。常に私たちの日常にあり続ける空気のような存在である人間関係が、重要な事柄として取り上げられ、研究も進められたのである。

(2) 人間関係の捉え方

前述したホーソン実験以降、望ましい人間関係の構築と労働意欲の向上が、企業目的の達成に重要な役割を果たしているとされ、職場で様々な方策が試された。そこから考えられたのは、人事管理上、企業にとって望ましい人間関係を構築するために、何をすべきかということである。

こうした論理展開からは、職場の人間関係から派生する生々しいものを見ていくのではなく、難しい問題や課題が発生せずに組織が円滑に動くようにするには、人間関係をどうすべきかという視点が重要視された。

けれども私たちは、組織や職場の円滑な運営のために人間関係を結んでいるわけではない。実際には、職場に身を置くとすでに人間関係が派生している事実がある。人間関係は、空気の存在のごとく、そこにある。現実には自分と異なる他者がいる限り、人間関係はいつもそこにあるのが事実である。職場の人間関係を生産性の向上のためにどうあるべきかと考える発想よりも、人間関係に何が起こっているのか、それが生産性にどう影響を起こしているのかを考える発想が重要である。

(3) つながりを求めるだけの人間関係

人間関係とは、二つ以上の物事が関わって影響を及ぼし合っていることで、他とつながりを持っている現象を指す。例えば、面前に相手がいなくても、人間関係が無いわけでも切れているわけでもない。たとえ疎遠な関係であろうとも、希薄な関係であっても、関係自体はなくならない。直接的なつながりがない場合でも、つながりそのものは空（くう）になるのではない。前述したように人間が二人以上いれば、関係はすでに存在しているのである。

職場での望ましい人間関係が語られる時、「同じであること」や「つながり・横並び志向」という共通感覚を求めている側面がある。職場や社会でも、異質の存在は徹底的に嫌われ、阻害され、排除されやすく、異なる固有の少数者に対するいじめ問題が発生する。自分と異なる「違い」や同じである「共通性」を発見し、それを当たり前と受け止めていくことが重要となる。

これまで、人間関係は組織や制度の問題として社会学が取り上げ、心理学は個人のパーソナリティの視点から解析しているのがほとんどである。しかし、部分的に人間関係を見ていくだけに留まる点が気になる。人間関係で発生したことから組織の問題が起きているとの視点が、人事管理には求められる。

（４）人間関係から考える発想

職場の退職率が高いと、レクリエーションや食事会をして職員間の風通しを良くすることや、福利厚生によって人間関係を改善するなど、様々な工夫を凝らしていく。介護施設においても、常に退職理由の上位に職場の人間関係が上がるため、組織は改善を試み、人間関係を良好に保つ仕組みを考えていく。

職場で人間関係の悪化が生じると、コミュニケーションがよくとれるように環境改善を試みる。しかし、真に必要なのは、人間関係が悪化した関係性において、何が生じているのか具体的に見ていくことである。例えば、二者関係で、どちらかが一方を蔑んでいる態度が影響し、パワーハラスメント（以下、パワハラ）が起きる場合がある。尊重し、尊敬している場合、相手を馬鹿にし、高圧的な態度になるわけがない。尊重や尊敬とは正反対の関係であるから、パワハラが発生するのである。人間関係に何が起こっているのかを、そこでは具体的に見ていくことが必要であり、何が派生しているのかを注視する視点が真の解決につながる。

パワハラを無くそうとするならば、職場環境の改善も必要だが、なによりも加害を起こす人の他者に対する姿勢や態度の改善が必須である。相手への自分の感情のあり方を見直す必要があり、自分の感情が二者関係で生まれていることに気づかない限り、根本的な改善は望めない。

いくら相手を責めても、二者関係の根本的な見直しが図られるわけではない。相手の不適切な言動は、相対する自分の言動が起こした結果だと考える視点がなければならない。人間関係は、どちらか一方の人間によって構築されるわけではなく、相手との関係の中で構築されることをよく理解することが、人事管理には欠かせない視点である。

ここから考えると介護施設の場合、人を介してサービスを提供するわけであるからこそ、介護職員の感情の安定や職員間の相互関係は、非常に重要な面である。それは、介護サービスの質にもすぐさま直結することになる。

3　介護現場のリーダーに求められる指導性

(1) リーダーシップとヘッドシップ

介護施設においても、一般企業組織と同様にリーダーの役割は重要であり、介護サービスの質にも関係する。そこで求められる役割に「リーダーシップ」と「ヘッドシップ」の二つがある。

リーダーシップは、「集団の成員がみずからすすんで集団の活動に参与して集団の目的の達成に努めるように誘導し、しかも成員相互の連帯性を維持させるような、集団生活における本質的な機能の一つを指す」というものである（福武・日高・高橋編 一九五八：九三二）。職場集団を取りまとめ、介護施設の果たすべき目標・目的に向かって、職員を先導する統率力である。リーダーシップは、個人的属性との考えもあるが、スタッフとの相互関係によって獲得されるといえよう。もう一方のヘッドシップは、自発的なものではなく、外部からの任命によって決まる制度化された地位と、それに伴う役割を指す。

両者を簡潔にいえば、職員の自発的な支持によって介護現場のリーダー（以下、リーダー）の役割

（リーダーシップ）が展開されるのに対し、ヘッドシップは、組織から与えられた権限として職場集団での役割が展開される。この両者は、組織運営において必要と考えられる。権限だけで物事を動かすことは、職員にとって窮屈な組織であろうし、民主主義的に自発性に任せてすべてを動かすとなると、決定に多大な時間を要し、責任の所在があいまいになりやすい。職員がモチベーション高く自発性を発揮した活動の上で、リーダーシップを生み出していくことと、権限を行使してスピーディに事を進め、決断して問題を解決するのと、どちらの指導性の発揮も必要である。

しかし、この「リーダーシップ」と「ヘッドシップ」の両方を持ち合わせ、統合させて発揮するのは、なかなか難しいことである。また、権限や地位があるリーダーの部下の職員が権限に従って日々の業務を遂行しているのか、リーダーの優れたリーダーシップの下に自発的に業務を遂行しているのか、見極めることも難しい。リーダーが権限を行使しているつもりが無くても、権限の行使と受け止める職員は、黙々と業務遂行をすることになる。

（2）リーダーシップと役割遂行

二つの指導性の両立が難しいので、役割を分担できるようにサブリーダーを組織に配置することがある。サブリーダーには組織の制度上の権限が無いために、いわゆるリーダーシップが求められる。実際には優れたリーダーシップを発揮するリーダーと、優れたヘッドシップを発揮する管理職である施設長との役割分担や連携によって、組織が円滑に遂行される可能性がある。

前述したように、ヘッドシップは組織が決定した役職・権限であるが、リーダーシップは反対に自発性から生まれるものである。そうであれば、リーダーシップのシップの役割遂行は、職員との関わりの中でその都度役割をつくっていくことで成り立つ。リーダーの人間性や能力、職員に関わる姿勢や態度がその基礎となるといえよう。次項でリーダーに求められる能力について述べたい。

(3) リーダーに求められる能力と「カッツ理論」

リーダーに求められる能力や姿勢を考えるために、介護の隣接領域である看護の管理職に求められる能力や行動特性を学びたい。一九五〇年代にアメリカの経営学者カッツ（R. L. Katz）は、管理職に求められる能力を「コンセプチュアル・スキル（Conceptual Skills）」「テクニカル・スキル（Technical Skills）」「ヒューマン・スキル（Human Skills）」の三点に分類した。古い理論ではあるが、現代でも通用するのでよく取り上げられている。まず、カッツ理論で説く三点の能力は、次の通りである。

① コンセプチュアル・スキル…抽象的な課題でもその本質を見極め、論理的思考をもって問題解決に導く能力。概念化能力。

② テクニカル・スキル…業務を遂行するために必要な技術や知識。専門知識。

③　ヒューマン・スキル…組織の中で他者と協働していくための対人関係をつくるコミュニケーション能力、指導力、教育力等。対人関係能力、人間理解能力。

これら三点の能力について、管理職の立場、役割によって必要とされる能力の配分が変化するとされる。低いポジションの者（ローワー・マネジメント）はテクニカル・スキルとヒューマン・スキルが多く必要とされ、コンセプチュアル・スキルはさほど必要とされない。一方、ポジションが上がる（ミドルマネジメント）と、コンセプチュアル・スキルが多く求められる。さらに高いポジション（トップ・マネジメント）では、コンセプチュアル・スキルとヒューマン・スキルが多く必要とされ、テクニカル・スキルはさほど必要とされない。

(4)　介護現場のリーダーに求められる人間性

介護施設でいえば、施設長は介護技術よりも組織の問題点を把握し、判断や問題解決の能力が求められ、一般の介護職員は介護技術や知識が多く求められる。また、ヒューマン・スキルは、対人関係や倫理観、ストレスマネジメント等を含み、管理上の地位の高さにかかわらず、同じだけのものが必要とされる。

佐藤みつ子らは、カッツ理論の三点の能力に「人間性」をプラスし、看護管理能力を定義している。

その理論から学んでみたい（HANA研究会 二〇一八：一三）。なお、この論では、「人間性」とは「常に品格を保ち、組織目標の達成に向けて個々人やチームの力を引き出せる人間的な魅力」と定義している。また、その具体的な能力とは、次の六つである（HANA研究会 二〇一八：一四）。

①　情動性として、内省力、謙虚さ、誠実性を含む。
②　責任として、責任感、責任を持つ覚悟を含む。
③　品性として、成熟性、豊かさ、自己啓発力、余裕、ゆとり、寛容さ、思いやり、品位を含む。
④　管理者としての姿勢、協調性、前向きさ、公正性、公平性、承認、柔軟性を含む。
⑤　「人柄」として、生き方、人生観、人間的魅力、価値多様性を含む。
⑥　「センス」として、想像力・創造力、五感の活用、感性が含まれる。

この六つの能力は、人間性の要素をカテゴリー化させたもので、管理能力の基盤となるとしている。しかし、管理職になってから研修等で獲得するには、限界がある能力も存在すると指摘している。

(5) 介護現場のリーダーが求められる基本的な姿勢

この六つの能力を備えていたら、看護分野だけでなく、どの組織においても優秀な管理職となれるであろう。しかし万能な者は存在しない。必要なのはこうした理論や指針に基づき、研修等のたゆまぬ自己研鑽の努力を惜しまない姿勢を持ち続けることである。相手が変われば、自分の感じ方や態度も意識せずとも変化する。組織内での状況や立場が変われば、自分のあり方も変化する。変化に対応できる底の厚い基盤が必要であり、組織に何が起ころうとも管理職は、私利私欲を抑え、利用者、部下、同僚等の職員に誠実に向き合う姿勢が、カッツ理論を支える基盤であるといえる。

こうしたことは、可視化しづらいので客観的な評価は難しい。しかし、相対する利用者や職員は、管理職の姿勢を敏感に感じ取っているものである。ここでの人間性は、管理職が目指し備えるべき基盤・方向性・目標として有益である。反対に人間性の基盤がもろければ、カッツ理論の三点の能力の向上も乏しくなる。誠意をもって前向きに他者に対応すれば、技術の向上や人材育成に注力することになる。本気で仕事に向き合う真摯な人間性の基盤の上に、人材育成の姿勢ができる。そこで管理職が本気で人を育てる意識と姿勢が芽生え、それに伴う実務が始まるのである。

4　介護現場のリーダーの「臨床」と「管理」を支えるもの

(1)「臨床」の意味

介護施設におけるリーダーは、利用者の介護と、職員の人材育成の両方の業務を担っている。共通するのは、前述の人間性に関連する相手に対する態度のあり方である。これを「臨床」という概念から考えていきたい。「臨床（的）」という言葉は、一般的に病院や福祉施設、カウンセリングルームなど治療的な場を意味する言葉として概念化されている。しかし、「臨床（的）」と訳されてきた英語〈clinical〉の語源は、ギリシャ語〈klinikos〉に由来し、〈at the bed〉という「ベッドサイドにおいて患者を看取る」ことを意味している。これは、元来聖職者が死の床にある患者のところで祈りや聖餐を与えることを示すものであった。岩井祐彦は、「臨床的（clinical）とは、ヨーロッパ中世における聖職者の独自な役割を意味した。病者の身体的苦闘が終わりに近づき死に臨むことが認められる時、全き孤独の不安におののく精神を創造者たる神との出会いへと導く営みである。このように臨床的とは、人間に対する全的配慮の態度を示すことばである」と明解に指摘している（岩井 一九七三：一）。

（2）「介護」と「管理」を支える態度としての臨床

岩井の指摘から、早坂泰次郎は「臨床（的）」という語を用いる場合には、「場としての臨床」と「態度としての臨床」との相違があらかじめ明確になっていなければならないと述べている（早坂 一九八八：五二）。それは、介護者にとっても介護の専門性と人事管理に関わる重要な点である。

さらに足立叡は、「社会福祉教育にとって、社会福祉実践における知識や技術を支える、援助者の方法論とでもいうべき意味での『臨床的』（すなわち先にみた『態度としての臨床』）思考とそのことへの厳しい訓練や体験学習というものを欠くならば、その結果として、制度や政策による場合と同様、そこでの人間＝クライエントは現場的『技術主義』の対象として、つまりいわゆる『場としての臨床』のための知識や技術の操作的『対象』として取り扱われてしまうことになりかねない」と述べている（足立 二〇〇三：九六）。つまり、足立はすでに専門教育として確立している医学教育や看護教育において方法論の見直しや反省が生まれてきていることを挙げ、社会福祉教育が「場としての臨床」における知識や技術それ自体の教育に留まることに警告を発しているのである。

この指摘の意味するところは、介護の実践技術についてもまた、介護技術のスキルの取得そのものに傾斜し、相手にどのような態度で自らが介護に臨んでいるのかという検証が、これまで必ずしも十分なされていないということであろう。

佐藤俊一も、社会福祉における学生の実習教育の経験から「学生が、実習のなかで利用者と真剣に向かい合い、相手をわかろうとしていくとき、そこで体験していることは、自分が主体となって積極的に他者に働きかけることをすることだと思いがちである。…（中略）…聴くことやありのままの相手を受け入れるなかで、実は『他者からの働きかけを受け止めながら振る舞う』ということの相がわかる。そして、他者を受けとめるというなかで、『ともにいる』ということが可能となっていくのである。相手の気持ちを感じることができ、見えるようになったり、話しが聴けるなかで、臨床は成り立っていることがわかろう」と述べ（佐藤 二〇〇四：八五）、基本的な「態度としての臨床」の大切さと実践の難しさを指摘している。

また稲沢光一は、「態度と場としての臨床」を相手と援助者との間に悲しみを共にする関係が生まれ、そうした関係が成り立つ場であると説明している（稲沢 二〇一五：一一九）。ここでは、介護リーダーが利用者への介護を通し、さらには職員の人材育成の両面から「態度としての臨床」という視点で、相手にどのような態度で向き合うのか、互いの信頼関係が確立する相手に対する共通する態度を臨床の概念を使って確認しておきたい。

（3）「介護」と「管理」における共通の臨床的態度

組織管理を考える際に、マネジメント（management）とアドミニストレーション（administration）の概念の関係を考えることが有用である。マネジメントの語源であるラテン語「manus」は「手」であり、もともと何かを手で扱う作法の意味である。手で馬を制御するやコントロールするという意味が含まれていた。その語源からマネジメントにコントロールのきいた管理、利用できる資源、特に資金や人材を効率的で効果的に利用する含みがある。組織の目的達成を目指し、人や金や物を管理することである。

アドミニストレーションは、「対象に仕える」や「奉仕する」が原意である。福祉分野では、よいサービス提供をするための協力体制を構築し、持続させるために働く福祉の運営管理のプロセスを指す。広義には福祉政策の形成・運営の総称で、狭義には社会福祉施設運営管理も含む。マネジメントには、効果的に人材や資源を使うという考え方があるが、アドミニストレーションは、質の良い施設運営をするためのプロセスに着目する。したがって、職員を働かせるという視点ではなく、主体的な参加をどう導いていくのかという視点である。この視点が介護と管理の考え方の基本的視点である。そして、管理と同様に介護に向かう臨床的態度そのものが問われる。介護現場で指示をひたすら実施する受け身の姿勢ではなく、利用者のニーズを職員が受け止め、どう応えていこうとするのかが問われている。この点においては、介護する際も管理業務をする際も同様である。これが前述した臨床的態度として、共通に求められているのである。この態度や姿勢が土台となって、いわゆる利用者を尊重する介護の展開が可能となる。

(4) ともにいる態度

精神科医の熊木徹夫は、哲学者中村雄二郎の科学を捉え直す重要な原理『臨床の知』のその知のあり方を「臨床感覚」と命名し、その体得が必要だと述べ、「臨床感覚」は「個々の治療者（あるいは一般読者）が自らの身体を用いて、よりなまなましく対象に関わろうとすることでしか得ることはできない」とも述べている（熊木 二〇〇四：vii）。そして熊木は、「臨床感覚」体得のプロセスの徹底的追究を目指している。これは、介護を実践的に行う者も、人事管理として人材育成を行う者も同様に求められる態度である。介護施設という臨床の場においては、生身の人間との出会いの中での自分のあり方を内省することによって、職員の世界は広がり得るものと考えられる。

この事を熊木は前述の著書の中で、「〈臨床感覚〉の体得は簡単ではない。それは、対人関係の具体的な技能を示すものではなく、表層には現れないものの、人と人との関係のおおもとに根差している問題を、丹念に掘り起こしてくるという段取りが求められるからである。表層的な対人関係のノウハウを追い求めるだけで、その基底部には関心をよせないといった思考習慣しかもたない人には、多少の忍耐が求められるかもしれない。…（中略）…〈臨床感覚〉を体得するプロセスは、〈常識一枚返し〉の連続である。一見当たり前に思えるものの見方も、ひとたび掘り下げるとまったく違ったものとなる。臨床の場はそのような着想の宝庫である」と述べている（熊木 二〇〇四：vii）。

こうした視点で見ると、介護と人事管理上の人材育成の両者は、共通して他者と「ともにある」という態度が必要となるといえる。利用者に心からより良い介護を提供したいという意志があって行っているのか、新人職員や部下の職員を本当に育てていきたいとその職務を担っているのかが問われているのである。

参考文献

足立叡（二〇〇三）『臨床社会福祉学の基礎研究　第2版』学文社。

稲沢公一（二〇一五）『援助者が臨床に踏みとどまるとき――福祉の場での論理思考』誠信書房。

岩井祐彦（一九七三）「発刊のことば」『立教大学社会福祉ニュース』一、立教大学社会福祉研究所。

大橋昭一・竹林浩志（二〇〇八）『ホーソン実験の研究――人間尊重的経営の源流を探る』同文館出版。

熊木徹夫（二〇〇四）『精神科になる――患者を〈わかる〉ということ』中央公論新社。

佐藤俊一（二〇〇四）『対人援助の臨床福祉学――「臨床への学」から「臨床からの学」へ』中央法規出版。

徳島辰夫（一九九八）『仕事と人間関係――社会心理学入門』ブレーン出版。

中村雄二郎（一九九二）『臨床の知とは何か』岩波書店。

服部祥子（二〇〇三）『人を育む人間関係論――援助専門職者として、個人として』医学書院。

早坂泰次郎（一九七〇）『脱人事管理――人間回復のための人間関係学』日本生産性本部。

早坂泰次郎（一九八八）「感性と人間関係」日野原重明編『アートとヒューマニティ』中央法規出版、五二頁。

福武直・日高六郎・高橋徹編（一九五八）『社会学辞典』有斐閣。

吉原正彦編著（二〇一三）『メイヨー＝レスリスバーガー――人間関係論』文眞堂。

ＨＡＮＡ研究会（二〇一八）『ハイパフォーマーな看護管理者の行動特性と管理者研修』産労総合研究所。


（米村美奈）

第7章　「昭和的指導法」から「過保護すぎるくらい丁寧」な指導へ
——新たな人材マネジメント養成への転換

1　介護職員を目指す層が変わっている

(1) 細やかな指導が必要な学生像

筆者が勤務している介護福祉士養成校（専門学校）で、一見、優秀に見える学生の中に、その知識を実践に活かすことができない学生をしばしば目にする。介護技術を取得する授業内で実施されるロールプレイングで、学生本人は「先生の説明を頭では理解しているのに、体が思うように動かない」と言う。

指導している立場からみていると、極度に緊張しているように見えるが、本人は「緊張しているわけではない」と答える。技術を学ぶ授業では、なかなか先に進まず、練習中に何をしたいのかを尋ねると、口頭では説明ができ、自分がすべきことが理解できているにもかかわらず、介助の場面になると体が動かないアンバランスな学生が少なくない。

(2) 実習準備の様子

介護福祉士養成カリキュラムには、訪問介護やデイサービス、介護保険施設へ実習に行き、実際の利用者の生活に触れ、利用者との関わりの中で身体介護や生活援助を経験することが盛り込まれている。

専門学校に勤務するようになって驚いたことは数多くあったが、実習準備は特に驚いたことの一つだ。実習開始の前日に、実習初日に実習先に行く装いで学校に登校させ、すべての持ち物を確認する。一度、実習着に着替えさせ、ズボンの裾の長さを確認、すべての持ち物に記名されているかの確認、記名については他人が読める字で書かれているかまでも念入りにチェックする。一人の学生に一五分以上を要するが、教員は一人ひとりの持ち物と服装をチェック表に沿って厳しく確認し、忘れ物がある場合は、自宅に取りに行かせ、完璧な状態に仕上げる。基本的には高校を卒業し、一八歳以上が集まる高等教育の場でのこの様子に驚かされた。身だしなみを整え、忘れ物なく実習に臨むことは当たり前のことだが、筆者が学生の頃には一人で準備できて当たり前と思われていたことも、難しく感じている学生がいるのは否めない。実習先の施設に迷惑をかけないように指導している面もあるが、このようなきめ細やかな指導を行うことで、学生は安心して実習に行くことができている。

(3) 就職支援の様子

学生から、「就職しようと思っているけど、何をすればよいですか?」と尋ねてくる学生がいる。このような質問をよく受けるが、この質問の意図は学生により異なる。そして、このような学生は、以下のようなタイプに分けることができる。

① 就職するまでの流れがわからない学生。
② 就職までの流れは何となくわかるが、何をすればよいのかわからない学生。
③ 指示されたこと以外は自発的に組み立てる経験が乏しく、順序立てることができない学生。
④ 考えることを面倒だと思い、細かい指示を待つ学生。
⑤ 自分の考えていることが合っているのか不安で質問してくる学生。

このように各学生の特性や不安に感じていることを理解し、学生に合わせたきめ細かい指導が必要である。

2　介護現場で必要な能力を向上させる指導とは

(1)「何」のために「何」を指導するのか

介護現場で介護職員を指導する際に指導者が伝えなくてはいけないことは、指導している介護職員の言動の根拠になることである。

まず、〝介護職が持つべき心構え〟として、介護の原則といわれている「尊厳の保持」「自立支援」「安全・安楽」がある。介護する者の言動（図7-1における〝やり方・手順〟）を深く掘り下げていくと、介護の原則にいきつく。この観点は、教えるというより、介護職員自身がどのように考えているのかを大事にし、感覚を育てるような作業になる。言葉の意味は辞書で調べることができるが、決まった定義はない。この観点を育てることができるかどうかで、介護という仕事に魅力を感じるかどうかが決まるように感じる。

次に、介護の原則を理解した上で、介助に必要なポイントを伝えていく。オムツ交換について指導したい場合、オムツ交換の手順は、職員によって違うことがある。リスクマネジメントにより安全を守れない場合に決められている手順や他職種連携により決められている手順以外は、利用者の状況は常に変化しているため、手順が違うことがあるのは当然だ。しかし、指導する指導者によって手順が

図７－１　介護職員が持つべき構造

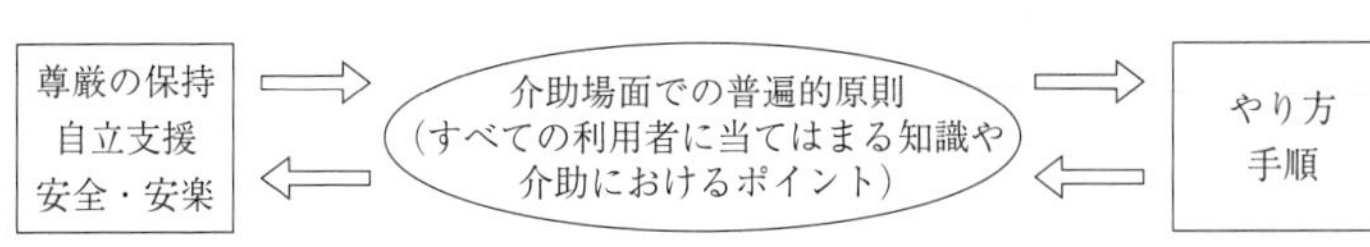

出所：著者作成。

違ったとしても、指導者全員が伝えていかなくてはいけないのは、オムツ交換の場合羞恥心に配慮すること・排泄物を観察すること・体調を確認すること・皮膚の状態を観察すること等、どの利用者にも当てはまる点である。施設内でオムツ交換をする場合、入室してからどのような手順で行うかは違っても、介護職として持つべき視点は理解できるということになる。

次に、多様な利用者一人ひとりに個別ケアを行う方法を伝えていく。「○○さんは、尿路感染症を繰り返しているため、尿の色を観察し、異常がみられたら看護師さんに連絡して下さい」など、一人ひとりに合った方法や手順、気を付けて観察する点を指導する。

図７－１のような思考過程を育てていく作業は安易ではなく、時間を要する。しかし、初めて介護現場に入職してきた職員に手順と方法のみを説明して、毎日同じことを繰り返していては、良い〝介護観〟は育たず、働く職員も介護の魅力を感じることはできない。

（２）事例を通して

本項では、新人介護職員の鈴木さんの事例を通して指導について考える。

鈴木さんは施設で働きはじめて三日目である。無資格者で介護現場での経験はないが、子育てが落ち着き、介護施設で働きはじめた。人材不足の介護現場では、鈴木さんに早く一人立ちしてほしくて、指導者は性急に介助の方法を伝えている。一方の鈴木さんも、三日間、毎日メモ帳を何十枚も使用し、介助方法を覚えようと必死になっている。昼食の誘導の時間に、オムツ交換中に排泄される頻度が高い利用者の排泄の説明を受けた際に、「この利用者は、オムツ交換中に排泄されることがあるから、気を付けて下さい」と指導を受けた。

指導者の「気を付けて下さい」という言葉を、鈴木さんはどのように受け取り感じたのだろうか。次のような「考え」が想定される。


「排泄物が急に出てきたら、どうしよう。」

「汚い思いをするのは嫌だな。」

「うまく対応できなくて、他の職員さんに迷惑をかけたらどうしよう。」

「交換中に便がでませんように……。」

「オムツ何枚か準備しとかないと……。」


鈴木さんは、無資格者で予備知識が無いため、介護の原則を踏まえ利用者の気持ちを考えることがあまりできておらず、忙しい介護現場で新人という立場もあり、方法と手順で頭の中が混乱した状態になってしまっている。この状態では、作業のように業務を行うことになり、介護の仕事に魅力を感じる可能性が低い。また、介護という仕事の良さや楽しさを感じることは難しい。

同じ指導者の「気を付けて下さい」という言葉から、利用者を主語とする思考を展開することができるかどうかが、良い〝介護観〟をもち、介護に魅力を感じられるかどうかのカギとなるのではないだろうか。

排泄介助は汚い・臭いと感じることもあり、決して「キレイ」な仕事ではないが、汚い・臭いと感じると同時に、「交換の途中で出てきたら、自尊心を傷つけないように対応したい」「便秘で苦しんでいたからスッキリしてよかった」「今日は形状がいつもと違う、なぜだろう」という思考を展開できるようになるには、前述した介護の原則と介助のポイントを身に付けておく必要がある。そうすれば、臨機応変な対応で「心身の状況に応じた介護」や、利用者のＱＯＬの向上のための支援を行うことができるようになり、より介護の魅力を感じられるようになる。

また、良い〝介護観〟を身に付けるためには、現場での指導だけでなく、介護職員のもつ人間性が関連していると考えられるが、指導が大きく影響することは否めない。

3　過保護と言われかねないぐらい「ほめて」伸ばす

(1)「辛い」思いをさせていないか

本節のタイトルを見て、介護現場で現場の介護職員を指導している人たちの中に、「教えてもらう側は、少々辛くても当たり前！」と思ってしまった人はいないだろうか。また、「私は、辛い思いをさせることはないから大丈夫！」と思っている人はいないだろうか。指導されている人の気持ちを確実に理解できているのだろうか。

介護職員を目指す層が変わってきている今、辛い思いをさせていては、介護職員を育てることはできない。それどころか、パワハラと認識されてしまっている場合もあることを忘れてはいけない。

(2)「昭和的」指導法の経験

筆者は初めて働いたグループホームで、毎日「あんた、そんな事も知らないの？」「今まで何してきたの？」等と大きな声で怒鳴られ、「昭和的」な厳しい指導を受けていた。五〇～六〇代の先輩職員たちのその日の機嫌と顔色を窺いながら、仕事をしていた。先輩たちから教えられることは、今考えると、利用者のための介護ではなかった。先輩たちと一日の業務を問題なく終わらせるための方法で、先輩たちのために覚えた方法がほとんどだった。ゴミの出し方・食事の作り方・認知症の方を大人しくさせる方法など……。

入職して間もないある日、Aリーダーに言われた方法で段ボールをヒモで縛りゴミを出すと、Bリーダーに「その縛り方は何？　そんなこともできないの？」と怒鳴られたことを覚えている。その後からは、出勤すると一日一緒に過ごすメンバーを確認し、出勤している先輩に教えてもらった方法でゴミを出すようになった。ゴミ出し以外も、同じようにしていた。

この一〇年間、介護現場で働いてきた仲間の大多数がこのような経験をしており、昔話をすると、「〇〇さんに厳しく指導してもらったから、今がある！」などと言っている人もいるが、今の介護現場では、指導される側の気質が変わってきているため、厳しい指導は通用しない。

(3) 価値観を強要しない

約二〇年前は、学校でも職場でも、特別な理由がない限り遅刻する人は少なかった。小学校・中学校時代を思い出すと、遅刻した人に対して、昭和的指導で先生から「遅刻するな！」「廊下で立ってなさい！」などと、理由も聞かず怒鳴って罰を与えていた光景があった。高校では遅刻しても本人にその責任があり、先生が介入してきた記憶はない。

その対応は少しずつ変化してきている。理由も聞かず「遅刻するな！」「廊下で立ってなさい！」

と、子どもが言われている光景はほとんど見られなくなった。

現在は、理由を聞いて、その理由についての対策を考える細やかさが必要である。遅刻した理由が「寝坊」だった場合、なぜ寝坊したのか、その理由をまず確認する必要がある。「バイト」が寝坊の理由だった場合、「バイトをする理由」を探り、その理由についての対策を考える。

現在勤務している専門学校でも、同じように対応している。三〇～四〇人で構成されているクラスだが、一限が始まる九時の時点でクラス全員が揃っていると「珍しい！」と感じてしまう。学校に来ていない学生については、担任がすぐに連絡し、学校に来ていない理由を確認している。遅刻に対して、時間に遅れるということはルール違反となるが、その後の対応に対しての価値観は変わっている。「〇〇してはいけない」や「なんで？」と責めてはいけない。どうしてそうなってしまったのかを一緒に考えて、今後どうしていけばよいのかを考えていく。

（4）寄り添いほめて育てる

言うまでもないが、「ほめる」ということは、優れている・立派だと思うことを評価して、それを言うことである。自分の価値観で、ほめるところを探すのではなく、指導している介護職員を基準に考え、ほめるべきである。現在の介護現場は、前述したような課題がある介護職員が増えている。個々の課題を把握し、少しでも前進し、成長したと感じる部分については、とことんほめて育てていく。

課題を抱えている人は、人生の中でほめられた経験が少ないと予測される。ほめられるとやる気が出て、伸びていくことが多い。結果だけをみるのではなく、その過程の中で具体的にほめていく。また、本人の気持ちに寄り添い、行った内容について感謝の気持ちを伝えていくことも、ほめるのと同等の効果が期待される。

例えば、介護現場で発生した事故について、事故発見者に事故報告書を依頼することがあるが、提出された事故報告書の内容を確認し、「やり直し‼」と注意したい場面があったとする。そのような場面でも、提出者が、記入して提出してきたことに成長を感じる点があれば、「提出したこと」に対してほめる。内容は悪くても字が丁寧であれば、そのことについてほめる。完璧な事故報告書を求めて評価するのではなく、小さな成長を積み重ねていけるよう関わることが重要である。

筆者が訪問介護事業所でサービス提供責任者をしている時、急に休むヘルパーが多く、一部のヘルパーに負担がかかっていたため、事業所内でミーティングを行った。全員で行った話し合いの結果、「予定していた業務を遂行できなくなってしまった場合は、周りに配慮しながら、代わりのヘルパーを探し、どうしても見つけられない場合は、事業所に相談する」というルールが決まった。「昭和的」指導を受けてきた世代は、休むとなった場合、できる限り自力で代わりを探す人が多かった。今は、代わりを探さず事業所に連絡してきても、ねぎらいの言葉をかけ共感する姿勢をもつ必要がある。

4　指導も「寄り添い型で」

(1) すぐに変えられること

どんな現場に行っても、リーダーたちは介護現場で日々奮闘している。不満や不安に思うことがあっても、何かを変えていくことは難しい。

例えば、退社時間間際に新人介護職員が利用者の転倒を発見し、事故報告書を作成する場合、所属する法人によって、その退社間際の新人職員や事故に対しての対応は違う。マニュアルがある事業所もあれば、その日のリーダーの裁量で判断されることもある。退社間際の新人職員にどのような指示を出すのか、自分の考えと違う指示を出さなくてはいけない場合も考えられる。そのような場合、組織体制をすぐに変えていくのは難しい。

会社の体制やマネジメントの内容などを変えるのは時間を要し安易ではないが、すぐにできることがある。それは、介護を伝えていくことである。今回の例の場合は、専門職として、なぜ事故報告書を記入するのか、事故報告書は、何のためにあるのか、前述した図7‐1の思考過程と合わせて新人職員に伝えることは、誰にでもすぐにできる。日々の業務に追われながらも、専門職としての〝介護〟を伝えるように変えることはできるのではないか。

(2) 現場が育てる

介護職として初めてオムツ交換をした時のことは、今でも鮮明に覚えている。今なら五分程度で終わらせることができるであろう排尿後のパッド交換に一五分程度時間がかかってしまい、手に着けていたディスポーザブル手袋から汗が垂れ落ちていた。

介護現場では、誰もが排泄介助や入浴介助などの身体介護で〝初めてのオムツ交換〟のような経験をしたことがあるのではないだろうか。今、指導者になっている皆さんも、現場で何度も同じことを経験して、スムーズにサービスを提供できるようになっていったはずだ。

美容師は、学校でマネキンや友達を相手に基本のカットを練習する。基本のカットを習得して現場に行き、現場で実際の顧客のニーズに合わせたデザインカットができるようになる。顧客のニーズと現場での経験が美容師を育てている。流行が変わればニーズも変わるので、ベテラン美容師も常に学習している。美容師資格をもったら、みんなすぐにデザインカットができるわけではない。

介護職員も同じように現場が育てる。基本の知識・技術を基に、現場で個別ケアを学習していく。学校を卒業しているから、資格を持っているから、という理由で入職してすぐに介護ができるわけではない。現場のリーダーが、初めて介護職に就いた時のことを思い出しながら、優しい眼差しをもって、新人職員に接することが必要である。

（3）「わかる」と「できる」

実習から帰ってきた学生が、嬉しそうに報告してくれることがある。実習先の介護職員に学校で習っていることを聞かれ、きちんと答えられたという経験だ。介護福祉士養成施設で一八五〇時間学んでいるため、基礎知識は理解できている。漏れないようにオムツを装着するポイント・移動介助・移乗介助の基本など、「何となく先輩に言われた通りにやってきた」と言う現場の介護職員に、「学校では、どうやって教えてもらっているの？」と聞かれることがよくあり、説明すると喜ばれていると話している。

「できる」までには、時間がかかるかもしれないが、「わかる」知識があるということを念頭に入れた指導をすべきである。〝できない〟姿をみてしまうと、〝わかっていない〟という評価になりがちである。理解しているけれども、何らかの理由で、できない状態になってしまっていることを理解し、大きな心で成長を見守る必要がある。

参考文献

菅野雅子（二〇二〇）『介護人材マネジメントの理論と実践——不確実性を活力に変える「創発型人材マネジメント」』法政大学出版局。
種橋征子（二〇一七）『介護現場における「ケア」とは何か——介護職員と利用者の相互作用による「成長」』

ミネルヴァ書房。

西美穂（二〇一六）「介護現場におけるリーダー教育の現状」『介護福祉』一〇二、三三－四二頁。

日本介護福祉学会編（二〇〇〇）『新・介護福祉学とは何か』ミネルヴァ書房。


（松山美紀）

第8章　ハラスメントにおける職場の責任と予防策
——パワハラ・セクハラ・マタハラの裁判例から考える

1　多様化するハラスメント

経営環境や労働者の意識の変化、さらに女性の就業率の向上等に伴い、近年ハラスメントの問題は多様化している。ハラスメントの問題は、関連する裁判例や、法改正・ガイドラインの整備が多く見られる分野であり、それだけ社会の注目を集めている問題といえる。

本章では、パワーハラスメント、セクシャルハラスメント、マタニティハラスメントの定義とともに、関連する裁判例のポイントを紹介する。さらに、使用者（事業主）が職場のハラスメントについてどのような責任を負うのかを裁判例とともに紹介する。

2　パワーハラスメント

(1) パワーハラスメントの定義と態様

職場におけるパワーハラスメント（以下、パワハラ）は、職場において行われる①優越的な関係を背景とした言動であって、②業務上必要かつ相当な範囲を超えたものにより、③労働者の就業環境が害されるものであって、①から③までの三つの要素をすべて満たすものをいう（労働施策総合推進法第三〇条の二）。

厚生労働省は、以前より、以下の六類型を職場のパワハラの代表例として整理していた。

① 身体的な攻撃（暴行・傷害）。
② 精神的な攻撃（脅迫・名誉毀損・侮辱・ひどい暴言）。
③ 人間関係からの切り離し（隔離・仲間外し・無視）。
④ 過大な要求（業務上明らかに不要なことや遂行不可能なことの強制、仕事の妨害）。
⑤ 過小な要求（業務上の合理性なく、能力や経験とかけ離れた程度の低い仕事を命じることや仕事を与えないこと）。

⑥　個の侵害（私的なことに過度に立ち入ること）。

ある行為が上記類型に該当するか否かの判断は、必ずしも自明ではない。客観的にみて業務上必要かつ相当な範囲で行われる適正な業務指示や指導は、職場におけるパワハラには該当しない。例えば「②精神的な攻撃」は、上司から部下への指導が「業務の適正な範囲」を越えるものか否かが問題になりうる。また、「④過大な要求」「⑤過小な要求」は、「過大」「過小」の判断に難しい場面があると思われる。上司と部下自身の評価がかけ離れているために、弁護士は従業員から「私は閑職に追いやられている」と相談を受けるケースもある。

そのため、ある行為が職場におけるパワハラに該当するかは、その定義を参照しつつ、個々の事例ごとに検討する必要がある。

（2）パワーハラスメントに関する裁判例

まず、アークレイファクトリー事件（大阪高裁平二五年一〇月九日労判一〇八三号二四頁）を紹介する。

本件は、派遣労働者として就労していた控訴人Xが、その派遣先であった被控訴人Y社の従業員らからパワハラに該当する行為を受け、同派遣先での就労を辞めざるを得なくなったと主張して、使用者の責任及びY社固有の不法行為に基づく損害賠償として慰謝料を請求した事案である。

本件では、Y社の従業員は、Xが大事にしている所有車両に言及し、「何しとんねん、お前。お前、コペン帰りしな覚えとけよ。剝がれてるぞ、あれぐにゃーとなってるぞ」「ここら辺のある消火器、ポーンと放り込んどいたらいい、窓から」等と各種の方法で同車両に危害を加えるかのようなことをふざけて述べ、Xが嫌がる発言を何度もしているのに、話をエスカレートさせていった。

これに対し、裁判所は、「指導に付随してなされた軽口ともみえる発言のうち、…（中略）…それが一回だけといったものであれば違法とならないこともあり得るとしても、被控訴人によって当惑や不快の念が示されているのに、これを繰り返し行う場合には、嫌がらせや時には侮辱といった意味を有するに至り、違法性を帯びるに至るというべきであり、本件では、上記にみるとおり、監督を受ける者に対し、極端な言辞をもってする指導や対応が繰り返されており、全体としてみれば、違法性を有するに至っているというべきである」と判示し、Y社固有の不法行為責任を否定したものの、使用者責任（民法第七一五条）を認めた。

この裁判例のポイントは、たとえ冗談や軽口であったとしても、繰り返すことによって嫌がらせや侮辱といった意味を有するに至り違法性を帯びる、という点にある。上司にとっては人間関係上の軽口であったとしても、部下からは優越的地位に立つ上司には拒否の意思表示をできないこともある。それは同じ会社内の関係に限られない。本件のように、派遣労働者と派遣先従業員の関係も同様である。

次に、医療法人財団健和会事件（東京地判平成二一年一〇月一五日労判九九九号五四頁）を紹介する。

本件は、被告の経営する病院の健康管理室に事務総合職として採用された原告が、試用期間中に採用を取り消されたところ、原告が職場でパワハラ及びいじめを受け、さらに違法な退職強要及び採用取消しを受けたために精神疾患に罹患したとして、債務不履行（安全配慮義務違反）及び不法行為（民法第七〇九条）による損害賠償請求権に基づき、治療費等を請求した事案である。

本件では、原告は、「被告が健康管理室において、必要な指導・教育を行わないまま職務に就かせ、業務上の間違いを誘発させたにもかかわらず、原告の責任として叱責した」旨を主張した。

しかし、裁判所は、「原告の業務遂行について被告による教育・指導が不十分であったということはできず、…（中略）…原告の事務処理上のミスや事務の不手際は、いずれも、正確性を要請される医療機関においては見過ごせないものであり、これに対するA又はDによる都度の注意・指導は、必要かつ的確なものというほかない」「そして、一般に医療事故は単純ミスがその原因の大きな部分を占めることは顕著な事実であり、そのため、Aが、原告を責任ある常勤スタッフとして育てるため、単純ミスを繰り返す原告に対して、時には厳しい指摘・指導や物言いをしたことが窺われるが、それは生命・健康を預かる職場の管理職が医療現場において当然になすべき業務上の指示の範囲内にとどまるものであり、到底違法ということはできない」と判示し、損害賠償請求を否定した。

この裁判例のポイントは、上司の指導・叱責の違法性が判断されるにあたり、①使用者・上司側の教育・指導の実施の有無・程度、②指導・叱責が合理的で必要なものであるか、という要素を押さえる必要があるということである。こうした要素は、使用者がハラスメントの防止措置を講じる上で参考になる。

3　セクシャルハラスメント

(1) セクシャルハラスメントの定義と態様

職場におけるセクシャルハラスメント（以下、セクハラ）は、「職場において行われる性的な言動に対するその雇用する労働者の対応により当該労働者がその労働条件につき不利益を受け、又は当該性的な言動により当該労働者の就業環境が害されること」をいう（男女雇用機会均等法第一一条一項）。事業主は、労働者からの相談に応じ、適切に対応するために必要な体制の整備その他の雇用管理上必要な措置を講じなければならない（同法第一一条三項）。

「事業主が職場における性的な言動に起因する問題に関して雇用管理上講ずべき措置についての指針」によれば、職場におけるセクハラは二種類ある。一つは、職場において行われる性的な言動に対する労働者の対応により、当該労働者がその労働条件につき不利益を受けるもの（対価型セクハラ）である。もう一つは、性的な言動により労働者の就業環境が害されるもの（環境型セクハラ）である。

ここで、「職場」とは、たとえ労働者が通常就業している場所以外の場所であっても、当該労働者が業務を遂行する場所は「職場」に含まれることに注意を要する。例えば、取引先の事務所、取引先と打合せをするための飲食店、顧客の自宅等であっても、当該労働者が業務を遂行する場所であれば「職場」に当たる。

(2) セクシャルハラスメントに関する裁判例

違法性の判断基準を示した裁判例として、横浜セクシャルハラスメント事件（東京高判平成九年一一月二〇日労働判例七二八号一二頁）を紹介する。本件は、男性上司による身体的な接触行為があった後に、女性従業員が退職するに至ったという事案である。裁判所は、男性上司による身体的な接触行為があったことを前提として、その違法性の判断について次の通り判示した。

「本件のように、男性たる上司が部下の女性（相手方）に対してその望まない身的な接触行為を行った場合において、当該行為により直ちに相手方の性的自由ないし人格権が侵害されるものとは即断し得ないが、接触行為の対象となった相手方の身体の部位、接触の態様、程度（反復性、継続性を含む。）等の接触行為の外形、接触行為の目的、相手方に与えた不快感の程度、行為の場所・時刻（他人のいないような場所・時刻かなど）、勤務中の行為か否か、行為者と相手方との職務上の地位・関係等の諸事情を総合的に考慮して、当該行為か相手方に対する性的意味を有する身的な接触行為であって、社会通念上許容される限度を超えるものであると認められるときは、相手方の性的自由又は人格権に処する侵害に当たり、違法性を有すると解すべきである。」

本件は、原審と異なり控訴審で女性の供述の信用性を認められた事案である。そこで、被害者の心理について判示した部分も重要なので紹介する。

「米国における強姦被害者の対処行動に関する研究によれば、強姦の脅迫を受け、又は強姦される時点において、逃げたり、声を上げることによって強姦を防ごうとする直接的な行動（身体的抵抗）をとる者は被害者のうちの一部であり、身体的又は心理的麻痺状態に陥る者、どうすれば安全に逃げられるか又は加害者をどうやって落ち着かせようかという選択可能な対応方法について考えを巡らす（認識的判断）にとどまる者、その状況から逃れるために加害者と会話を続けようとしたり、加害者の気持ちを変えるための説得をしよう（言語的戦略）とする者があると言われ、逃げたり声を上げたりすることが一般的な対応であるとは限らないと言われていること、したがって、強姦のような重大な性的自由の侵害の被害者であっても、すべての者が逃げ出そうとしたり悲鳴を上げるという態様の身体的抵抗をするとは限らないこと、強制わいせつ行為の被害者についても程度の差はあれ同様に考えることができること、特に、職場における性的自由の侵害行為の場合には、職場での上下関係（上司と部下の関係）による抑圧や、同僚との友好的関係を保つための抑圧が働き、これが、被害者が必ずしも身体的抵抗という手段を採らない要因として働くことが認められる。

したがって、本件において、控訴人が事務所外へ逃げたり、悲鳴を上げて助けを求めなかったからといって、直ちに本件控訴人供述の内容が不自然であると断定することはできない。」

この裁判例のポイントは、女性が身体的接触や性的な発言を受けた際、女性が明確な拒絶の意思を示さなかったことをもって、安易に女性の同意があったと認めてはならないことにある。

4　マタニティハラスメント

(1)　マタニティハラスメントの定義と態様

マタニティハラスメント（以下、マタハラ）は、「職場において行われる上司・同僚からの言動（妊娠・出産したこと、育児休業等の利用に関する言動）により、妊娠・出産した女性労働者や、育児休業等を申出・取得した男女労働者の就業環境が害されること」をいう。妊娠・出産等を理由とした解雇・

降格・減給が典型例である。事業主が、妊娠・出産・育児休業等の事由を契機（原則として妊娠・出産・育児休業等の事由の終了から一年以内）に従業員に不利益な取扱いを行った場合は、原則として違法となる（男女雇用機会均等法第九条三項）。

(2) マタニティハラスメントに関する裁判例

ここでは、広島中央保健生協事件（最高裁平成二六年一〇月二三日労働判例一一〇〇号五頁）を紹介する。

本件は、女性労働者が第二子妊娠に伴い軽易な業務への転換を求めたところ、異動に伴う降格辞令を受け、復職後も降格措置が解けなかったという事案である。本件では、事業主の措置が、男女雇用機会均等法第九条三項の禁止する取扱いに該当するか否かが問題となった。

最高裁は、「一般に降格は労働者に不利な影響をもたらす処遇であるところ、…（中略）…女性労働者につき妊娠中の軽易業務への転換を契機として降格させる事業主の措置は、原則として同項（男女雇用機会均等法九条三項）の禁止する取扱いに当たる」と判示した。つまり、女性労働者を降格するにあたり、単に「軽易業務に転換したから」という理由は許されないとする。

では、どのような場合に許されるのか。最高裁は、例外について次の通り判示した。

「当該労働者が軽易業務への転換及び上記措置により受ける有利な影響並びに上記措置により

受ける不利な影響の内容や程度、上記措置に係る事業主による説明の内容その他の経緯や当該労働者の意向等に照らして、当該労働者につき自由な意思に基づいて降格を承諾したものと認めるに足りる合理的な理由が客観的に存在するとき、又は事業主において当該労働者につき降格の措置を執ることなく軽易業務への転換をさせることに円滑な業務運営や人員の適正配置の確保などの業務上の必要性から支障がある場合であって、その業務上の必要性の内容や程度及び上記の有利又は不利な影響の内容や程度に照らして、上記措置につき同項の趣旨及び目的に実質的に反しないものと認められる特段の事情が存在するときは、同項の禁止する取扱いに当たらないものと解するのが相当である。」

この裁判例のポイントは、例外の条件は厳格であり、妊娠・出産・育児休業等をきっかけとする客観的に合理的な理由のない降格は許されないものと留意すべきことにある。

5　ハラスメントと使用者の責任

(1) 使用者（事業者）の防止措置義務

パワハラ、セクハラ、マタハラの防止措置を講じることは、使用者の法律上の義務である（ただし、事業者の規模により義務化の時期は異なる）。使用者は、ハラスメントを防止するため、①事業主の方針の明確化及びその周知・啓発、②相談（苦情を含む）に応じ、適切に対応するために必要な体制の整備、③職場におけるハラスメントへの事後の迅速かつ適切な対応、④併せて講ずべき措置（プライバシー保護、不利益取扱いの禁止等）等が必ず講ずべきことを留意しなければならない。

使用者が職場で各種ハラスメントを行ってはならない旨の方針を明確に打ち出し、労働者に周知徹底することは、職場にハラスメントを防止する意識を醸成する上で極めて重要である。厚生労働省は各種ハラスメントに関する優良なパンフレットを作成しているので、当該パンフレットを職場の研修で利用する等、積極的に活かすことが望ましい。

（2）使用者は法律上どのような責任を負うのか

まず、ハラスメントを行った加害者自身の不法行為責任（民法第七〇九条）の有無が問題となる。加害者が使用者自身である場合は、使用者責任（民法第七一五条）の問題ではなく、使用者固有の不法行為責任の有無を検討する。さらに、使用者の役員（取締役）自身の行為に故意または重過失がある場合、役員は、会社法第四二九条一項に基づく損害賠償責任を負うことがある（サン・チャレンジ事件、東京地判平成二六年一一月四日労働判例一一〇九号三四頁）。

そして、使用者以外の加害者の責任が認められる場合、使用者責任（民法第七一五条）の有無や、職場環境配慮義務又は安全配慮義務等の債務不履行責任（民法第四一五条）の有無を検討する。

なお、職場環境配慮義務又は安全配慮義務は、必ずしも雇用契約があることを要しない。裁判例の中には、使用者と被害者の間に直接の雇用関係がない場合においても、実質的な使用従属関係があったことを理由に安全配慮義務違反を認めたものもある。

なお、ハラスメントが悪質な場合、暴行罪、傷害罪、脅迫罪、強制わいせつ罪等の刑法に抵触する場合もある。刑法でなくとも、軽犯罪法や各種条例に違反しているときもある。このような場合、被害者は警察署に被害届や告訴状を提出することがある。使用者は、被害者の相談を受けた場合、悪意をもって被害者の意思を歪め、被害者が捜査機関に相談することを妨げ、事件を隠蔽してはならない。使用者は、適正な手続に則り被害者の救済に努めるべきである。

(3) 使用者固有の責任を認めた裁判例

使用者固有の不法行為責任を認めた裁判例として、バンク・オブ・アメリカ・イリノイ事件（東京地判平成七年一二月四日労働判例七六〇号三八頁）を紹介する。

本件は、米国銀行東京支店の預送金課の元課長に対してした総務課受付への配転が、同人の人格権（名誉権）を侵害し、職場内外で孤立させ、勤労意欲を失わせ、やがて退職に追いやる意図をもってされたものであり、裁量権の範囲を逸脱した違法なものであるとされた事案である。

裁判所は、使用者の人事権の行使の裁量につき、「使用者が有する採用、配置、人事考課、異動、昇格、降格、解雇等の人事権の行使は、雇用契約にその根拠を有し、労働者を企業組織の中でどのように活用・統制していくかという使用者に委ねられた経営上の裁量判断に属する事柄であり、人事権の行使は、これが社会通念上著しく妥当を欠き、権利の濫用に当たると認められる場合でない限り、違法とはならないものと解すべきである。しかし、右人事権の行使は、労働者の人格権を侵害する等の違法・不当な目的・態様をもってなされてはならないことはいうまでもなく、経営者に委ねられた右裁量判断を逸脱するものであるかどうかについては、使用者側における業務上・組織上の必要性の有無・程度、労働者がその職務・地位にふさわしい能力・適性を有するかどうか、労働者の受ける不利益の性質・程度等の諸点が考慮されるべきである」と判示した。その上で、「原告に対する右総務課（受付）配転は、原告の人格権（名誉権）を侵害し、職場内・外で孤立させ、勤労意欲を失わせ、やがて退職に追いやる意図をもってなされたものであり、被告に許された裁量権の範囲を逸脱した違法なものであって不法行為を構成するというべきである」とし、使用者固有の不法行為責任を認定した。

（4）使用者の使用者責任を認めた裁判例

使用者の使用者責任を認めた裁判例として、大阪セクハラ（S運送会社）事件（大阪地判平成一〇年一二月二一日労働判例七五六号二六頁）を紹介する。

使用者は、原則、業務と関連性のない個別的なセクハラについて責任を負わない。本件では、上司の部下の女性従業員に対するわいせつ行為が当該会社の事業の執行についてされたものであると認定され、女性従業員に対する不法行為責任が認められた。

裁判所は、「被告乙山は、ドライバーとオフィスコミュニケーターとの懇親を図るために本件飲み会を企画し、丙山を通じて原告に誘いかけ、原告が一次会で帰宅しようとすると「カラオケに行こう」と二次会に誘い、嫌がる原告に対し仕事の話に絡ませながら性的いやがらせを操り返したのであるから、右性的いやがらせは、職務に関連させて上司たる地位を利用して行ったもの、すなわち、事業の執行につきされたものであると認められる」「被告会社は、男性ドライバーとオフィスコミュニケーターとの私的な飲み会をしないよう通知していたと認められるが、単に口頭で右通知を繰り返したにとどまるもので、現に一二名もの従業員が本件飲み会に参加したことに照らせば、被告会社の右通知は従業員にはさほどの重みを持って受け止められていなかったものと認められる。してみれば、単に被告会社の通知に反して飲み会が開催されたというだけで、右飲み会において行われた被告乙山の行為が被告会社の業務執行性を失うと解すべきではない」として、使用者の使用者責任を認定した。

前述の通り、使用者には各種ハラスメントの防止措置が法律上義務づけられている。使用者は、使用者責任（民法第七一五条）や職場環境配慮義務又は安全配慮義務等の債務不履行責任（民法第四一五条）を負うにとどまらず、使用者固有の不法行為責任（民法第七〇九条）を負う可能性があることに留意すべきである。使用者は、日頃から職場のハラスメントの防止措置を講じるとともに、被害者から相談を受けた際は、社員の個人間の問題として安易に把握して放置することは厳に慎むべきである。

（関口慶太）

参考文献

東京弁護士会労働法制特別委員会編著（二〇二〇）『新労働事件実務マニュアル　第5版』ぎょうせい。

中井智子（二〇一八）『職場のハラスメント——適正な対応と実務　第2版』労務行政。

21世紀職業財団（二〇一八）『わかりやすいパワーハラスメント新・裁判例集』21世紀職業財団。

21世紀職業財団（二〇一八）『わかりやすいセクシャルハラスメント——妊娠・出産、育児休業等に関するハラスメント　新・裁判例集』21世紀職業財団。

第Ⅲ部　事例で見る介護人材を養成・定着させる取り組み

第9章　指導方法の統一と専属トレーナーの設置
──施設長・現場リーダーの協働による指導体制の構築

1　新人職員が辞めない風通しの良い職場環境づくり

(1) 逃げたくなる空気感

介護の現場で、「人がいないから話し合いができません」「人がいないから研修なんて参加できません」「人がいないから教えられません」といった声をよく聞く。「人がいないからできない」というネガティブな感情は、負のスパイラルを生み、研修受講や実習生・ボランティアの受け入れなどを「余計で面倒な業務」と捉える習慣や、時短・育児中などの職員への無理解へとつながっている。

また即戦力を求める妄想によって、新人職員に過剰に期待して、場当たり的な指導だけで新人職員を「放置」してしまうことが起こっている。現場では「離職を促す空気を自分たちでつくっている」ということを全く理解していない人が多くいる場合もよくある。

（2）職場の人間関係

職場を選ぶに当たり、給与や福利厚生は重要なポイントである。しかし、それだけでは、人は辞め、逃げていってしまう。本書でも繰り返し言及しているが、一般的には「離職」の最大原因は低賃金ではない。「職場の人間関係」という理由が「収入が少なかった」を大きく上回っている。繰り返すが、介護労働安定センター（二〇一九）においても、仕事を辞めた上位は「一位：職場の人間関係に問題があったため」であり、「二位：結婚・出産・育児のため」「三位：法人や施設・事業所の理念や運営のやり方に不満があったため」であった。

「離職」が少ない介護現場は、「法人理念を職員間で共有できている」「職員間のコミュニケーション状態が良い」「多様な研修機会を設けている」などの特徴があり、人材マネジメントが進んでいる。そのため、筆者が所属していた水元園（特別養護老人ホーム）ではこのような点を重視し、「人が辞めない職場環境づくり」に努めてきた。次項以降では、その取り組みを解説していく。

（3）誰の何のための離職防止か

当たり前のことだが、「離職」が増えれば人手不足になる。たとえ職員がすぐに入職したとしても、定着しなければ、再び一から教えなくてはならない。働いている自分たちの負担が大きくなり、利用者の生活を支えることが困難になる。結果、サービスの質の低下につながっていく。

2　トレーナー制度

(1) 育成における三つの課題

筆者は、職員育成は事業所の務めと考えており、自事業所で必要な人材は、自事業所でしか育てられないと考える。また、「育てる＝ただ単に介護技術をあげる」ことではない。そこで現有職員の資質・能力をアセスメントし、次のように育成における三つの課題を掲げている。

① 人に正しく教えられる力
② 自身の目標（課題）を掲げ、取り組める力
③ それを見守り・励まし・アドバイスする力

しかも、水元園では、この三つの課題に取り組むために「新任職員職場内研修簿」（資料9－1〈章末〉）を用いて、正規・非正規職員、経験・未経験にかかわらず、新人職員には専属の「トレーナー（チューター）」という教育者が一年間つき、指導・相談にあたる。

いわば一年間の「ＯＪＴ」を通して、水元園のチームの一員としての役割を一緒に学んでいくシス

テムである。このシステムは、新人職員だけではなく、全職員を育成していくものとなっており、各フロアの副主任がトレーナーの指導・相談に当たり、介護長が各フロア副主任の指導・相談に当たる（図９－１）。

もちろん、日常に指導・相談を行うが、入職後一カ月・三カ月・六カ月・一二カ月で振り返りを行うのが特徴的だ。振り返りでは、まずは新人職員・トレーナーに、これまでの評価と今後どのようにしていくかを自分で考えてもらう。その後、新人職員・トレーナー・副主任・介護長の四人で面談を行い、育成の進捗状況確認や、悩み、不安に思っていることを相談し、それに対してのアドバイスをしていく。「とにかく不安にさせない」という思いで、ゆっくり、じっくり話し合える時間と場所を設け、コミュニケーションを図っていく。

図９－１　水元園組織図

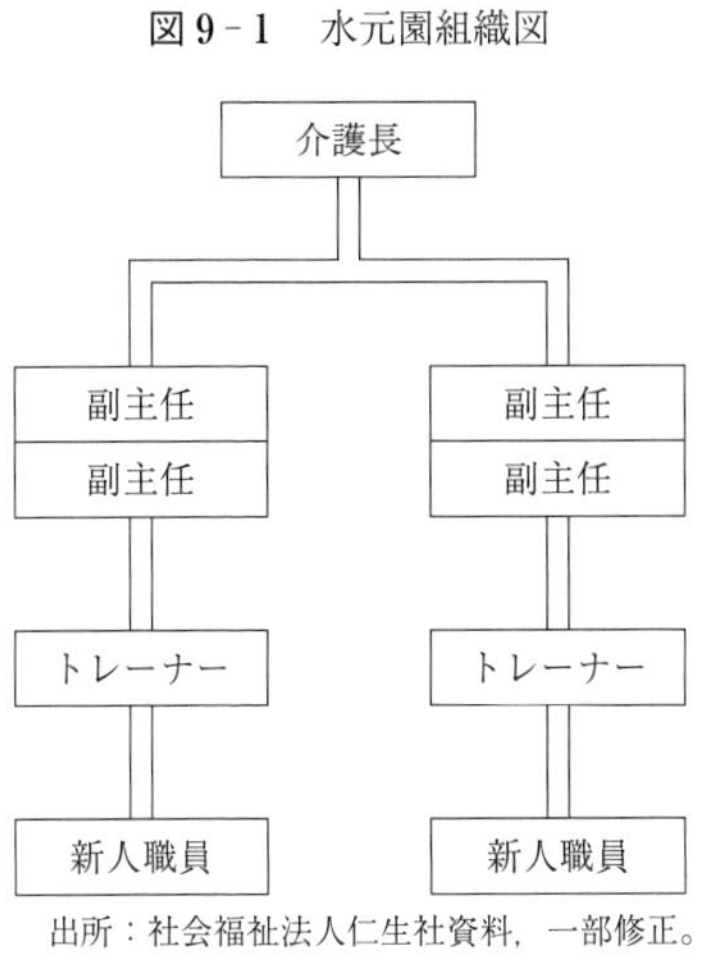

出所：社会福祉法人仁生社資料，一部修正。

(2) 個別挑戦目標

目標を持たなければ、人は育とうとしない。また、目標に向かって実施したことを評価されなければ、次にどうやって実施すればよいのかはわからない。このようなことは、職員の意欲低下につながる。職

表9－1　個別挑戦目標

記入例）令和4年度　個別挑戦目標	
挑戦目標	利用者の生活が楽しくなるように，余暇活動のレパートリーを増やし提供したい。
期　　限	令和4年度末　最長は1年間。1年以内なら短くてもよい
目標への 具体的内容	①　どんなことがやりたいか，利用者への聞き取りを行い，ケアプランに組み込み，把握していく。 ②　余暇活動の内容（ゲーム，お散歩等）をできるだけ多く挙げ，どのようなことができるか，実施の仕方などを作業療法士や機能訓練指導員よりアドバイスを受ける。 ③　フロアー会議を利用して実施してみたい余暇活動を話し合う。 ④　自身で行ってみたい余暇活動を計画してみる。 ⑤　計画においては，目標・対象者・時間・内容に配慮していく。 ⑥　実施に必要なものを用意。なければ購入する。 ⑦　ほかの職員への説明をし，協力を依頼していく。 ⑧　余暇活動実施日・内容・担当を決め，予定表に入れ確実に実施する。 ⑨　余暇活動参加者の様子は必ずケース記録に記入するよう呼びかける。 ⑩　実施結果・課題を明確にし，必要であれば修正する。 ⑪　以上の内容をチェックシートに作成し，確認と取り組みを記入する。
氏名　水元花子	経験年数　　8年　　　資格　介護福祉士　介護支援専門員

出所：社会福祉法人仁生社資料。

員のモチベーションを高めるためには、成長を確認し、努力の程度を評価する必要がある。

職員も自身の目標を掲げ、目標への具体的内容を挙げ、達成できるよう一年間取り組んでいく（表9－1）。三カ月ごとに自己評価し今後の課題を挙げ、それに対し直属の上司（副主任）がコメントを書き、個人面談を行う。ポイントはこの面談である。コメントを書いて終わりとするのではなく、一対一でゆっくり、じっくり話し合える時間と場所を設け、コミュニケーションを図っていく。この時に、目標に対して努力していることを評価し、一緒に成長を確認しながら、アドバイスをしていく。終始、批判的指導だけするのは厳禁である。目標に対することだけでなく、合わせて普段の職務に対してのＯＪＴも行う。

(3) 研修の実施

介護現場では研修も余計な仕事と捉えられがちだが、実はサービスの質を決定づける仕事である。水元園では研修を余計な仕事と捉える習慣はなく、施設内研修を毎月一～二テーマ、勤務時間内に実施しているが、毎回七割ほどの参加率となっている。施設内研修の際、まず最初に研修テーマに合わせ「法人の基本理念」「統合的価値の共有」「研修は何のためにやっているのか」を確認している。これが基本理念を具体化・実践することにつながる。

また、施設外研修にも積極的に参加している。研修受講後は報告会の場を設け、受講できない人に対して伝達することで、他職員の能力向上と受講者の理解定着を図っている。

(4) 第三者の目

施設内で働いていると、外部との接点が少なくなり、当たり前の感覚にずれが生じることがある。そういったことを防ぐためにも、風通しの良い職場にする必要があり、実習生やボランティア、施設見学などを積極的に受け入れている。前述した三つの課題に対し、ここでも取り組むことができるのである。

また、サービス担当者会議を三カ月に一度開催していることも、水元園の強みであり、家族の参加率の高さから、職員の育成や家族との信頼関係の構築につながっている。学生やボランティア、見学者などの受け入れや、サービス担当者会議の開催は当然の責務であることを職員が理解しているため、余計な業務と捉える感覚がない。面会者を含めた外部の人との交流が、施設の空気をさらに良いものに変えてくれている。

(5) 管理者の役割

介護労働安定センター（二〇一九）で最も多い離職理由であった職場の人間関係に焦点を合わせ、どういった悩みがあるのかを見ると、「意見交換が不十分である」「自分と合わない上司や同僚がいる」「上司や同僚と仕事の意思疎通がうまくいかない」「悩みの相談相手がいない、相談窓口がない」といったコミュニケーションの部分での課題が多く浮かび上がる。前述した取り組みの中でもコミュニケーションを重要視しているが、そのほか、年二回管理者による全職員（正規・非正規・その他職員含）との面談を実施している。それ以外にも、都度個別に面談の機会を設けている。

管理者の役割の中で重要なのは、働きやすい環境を作ることだと考えている。働きやすい職場になれば、職員のやる気や満足度が高まり、サービス向上につながっていく。ひいては、利用者へのサービスの質の担保および経営の安定につながる。

(6) 離職防止策の効果

職員からは「子育てをしながらでも働ける」「家庭の事情や体調不良について相談できる」「辞めたくなる声に耳を傾けてもらえる」「上司に相談しやすい」「職員同士が話しやすく相談しやすい」「研修が多い」などの声が聞かれ、働きやすい職場環境を整えることができていると思う。

この結果、離職者が減少し、在職者が求職者を呼ぶことで、派遣や紹介に頼らなくても、必要な人材を確保できる。二〇一八年度の離職率（正規・非正規・その他職員含）は二％。二〇一七年度二％。二〇一六年度は七％だったが、同年度に退職した職員一人がまた復帰している。さらに、二〇一九年度の新卒入職者は三人、中途採用者が一人。二〇二〇年度新卒入職者は四人。さらに二〇二一年度は新卒入職希望者が一人いた。

3　中間管理職への教育——法人全体の均一化が課題

筆者が所属する法人には、特別養護老人ホームは水元園を含め四施設ある。他に、通所介護事業所は六カ所、養護老人ホーム一施設、地域包括支援センター三カ所、居宅介護支援事業所三カ所があり、中規模の介護事業所である。

法人全体で新人育成の均一化を図るため、改めて新人育成「トレーナー制度」の仕組みを全事業所で実施し、特別養護老人ホーム、通所介護事業所等の主に中間管理職を対象に研修を実施している。研修題目は「風通しの良い職場環境――人財育成（義務教育）の流れるプール化プロジェクト」と銘打って、期間を半年間として、適宜、行う形態である。研修受講対象者は、トレーナー、副主任、介護長および主任・センター長である。五日間の研修で、トレーナーのグループ、副主任のグループ、介護長および主任・センター長のグループ三つに分けて実施した。

また、新人を採用した事業所はそのまま、採用に至らなかった部署は昨年度採用もしくは中途採用等就業年数が少ない職員を想定しながら、新人職員育成のための研修プログラムを実施している。特に、受講者全員が育成の趣旨や新人の想いを把握できるように目指されている。一クールの研修日程・内容は、以下の通りである。

研修日程

第一日　基本理念・組織人として。人材を育てる意義。トレーナー制度の仕組み。

第二日　育成開始後、一カ月目の面談を経て振り返る。ＯＪＴ推進計画作成。

第三日　コミュニケーションを円滑にする方法。三カ月目の面談を迎えるにあたっての心構え。
第四日　三カ月面談を経て、ＯＪＴ推進計画の進捗状況確認。
第五日　六カ月面談を終えての振り返り。ＯＪＴ推進報告書確認。

研修目的

離職率の低さは施設の信頼にもつながり、安定した人材確保ができることは利用者のより良い生活の支援になる。現在、この日本では働く場所がたくさんある。そして、人は他人の背中を見るだけでは育ってくれない時代である。介護人材確保が困難な昨今、働き手からも選ばれる施設になるためには、コミュニケーションを円滑にし、環境変化に対応する人材育成に努めていかなければならない。

トレーナー制度の趣旨

生産年齢人口の低下や介護人材不足の中、事業所は人材確保に重点を置きがちであるが、職員採用ができれば良いというわけではない。人を育て定着させることがサービスの質の担保および継続になる。事業所全体がそこに向かって取り組まなければならない。

①「採用した人材は、全員で育てる」体制を作る。
②「新人教育は、受けて当然の体制（教育を受ける義務）」を作る。
③「新人教育は、行って当然の体制（教育を行う義務）」を作る。

人材育成において専任のトレーナーは付けるものの、マン・ツー・マンではなく、複数の人間と多くの階層や部門の人間が、新人一人を育てる。トレーナーと新人を、常時二人にはしない。組織全体で育てるのだから、間違ってもトレーナーを育成責任者にはしない。

4　トレーナーのさらなる育成——今後の課題

昨今、労働人口が減少していることはもちろん介護福祉士養成校の定員割れで、即戦力に相当する人材確保は非常に難しい。育てることが当然との意識を現場に浸透させることが必要で、育成に当たっては組織全体で取り組むことを念頭に置き、トレーナーの育成に力を注ぐのである。また、それを支える中間管理職、管理者の意識もそこに目を向け続けなければならない。そのため、事業所内はもちろん法人内意識統一を図る目的として、「トレーナー」「中間管理職」「管理者」を対象とした「トレーナー制度」の仕組みに関する研修を定期的に組織全体で取り組み続けることが必要である。

参考文献

介護労働安定センター（二〇一九）「平成三〇年度『介護労働実態調査』の結果」（二〇二一年一〇月一三日閲覧）。

東京都福祉保健局（二〇一四）「小規模事業所のための職場研修手引」（二〇二一年一〇月一三日閲覧）。
東京ハローワーク（二〇一九）「職種別有効求人・求職状況（令和元年七月分）」（二〇二一年一〇月一三日閲覧）。

（櫻川勝憲）

〈3ヶ月のテーマ〉
1　シフトごとの業務内容を知り，他の職員と協力して務めることができる。
2　ご利用者の日常的な生活を支えることができる。
3　食事，排泄，入浴の介助を自信をもって行うことができる。
〈6ヶ月のテーマ〉
1　ご利用者の個別性に配慮した介護を行うことができる。
2　夜勤帯の仕事を自信をもって行うことができる。
3　先輩の指導の下，決められたご利用者を担当し，ケアプランを理解することができる。

〈12ヶ月のテーマ〉
1　高齢者特有の病気や症状についての知識を得る。
2　ご利用者個別のケアプランを立案することができる。
3　家族対応ができるようになる。

＿＿＿＿＿＿＿＿＿＿さんが目標を達成するように
＿＿＿＿＿＿＿＿＿＿が指導，相談にあたります。

新任研修簿の活用方法
記入例

自己評価				トレーナー	
1ヶ月	3ヶ月	6ヶ月	12ヶ月	4/29	9/30
○		◎		○	◎

〈自己評価欄〉
1ヶ月，3ヶ月，6ヶ月，12ヶ月に面談を実施し，チェックリストに「○」「◎」を入力していきます。
○……指導をうけて理解している
◎……一人でできる

〈トレーナー欄〉
○…指導をした
◎…一人で任せられる

面　談
〈1ヶ月面談〉　月　日　〈3ヶ月面談〉　月　日

〈6ヶ月面談〉　月　日　〈12ヶ月面談〉　月　日
出所：図9-1と同じ，筆者改変。

資料9-1　新任職員職場内研修簿
私たちが大切にしていること

仁生社は，すべての人々がしあわせであってほしいと願っています。介護を必要としている人々，病を抱えている人々，そのようなみなさんにささやかながらもお役に立つことによって，しあわせで健やかな日々を過ごされることを願うものです。我が法人は，そういう思いを実現するため，仁（いつくしみ）の心を持ち，すべての人たちと手をつないで，ともに生（い）きていく社（なかま）として社会に貢献します。


この基本理念の根底には，仁生社の創立者である加藤峰三郎氏の『反哺の志』の精神があり，私たち職員の一人一人に受け継いでいます。反哺とは，カラスの子が，年老いた親鳥に食べ物を運び，育ててもらった恩を返すことを意味し，私たちは，自分の親をお世話する気持ちを原点に活動します。

モットー「みんなのしあわせとおもいやり」

この研修簿は
「みんなのしあわせとおもいやり」

を具体化するための手法を学び，取得することにあります。

それが社会福祉法人の職員が目指す，ご利用者の「人権尊重」「幸福の追求」であるからです。


今，＿＿＿＿＿＿＿＿さんは，大きな希望，期待と共に，新しい生活に不安も抱えていることでしょう。どうか，一人で悩まないでください。これから1年間のOJT（On the job training）を通して仁生社のチームの一員としての役割を一緒に学んでいきます。この新任研修簿は1年をかけてどのようなことができるようになればよいのか，マニュアルにもなっていますので活用していただき，ゆっくりと確実にステップアップできるよう，私達も力になりたいと思っています。

目　的
1．社会人，専門職，職員としての心構え，倫理観の確立を目指し利用者の身になってチームの一員としての役割を果たす。
2．職員一人一人が自己管理を上手に行い，月々の見直しをすることで能力向上，啓発を図る。

目　標
〈1ヶ月のテーマ〉
1　基本理念が言えるようになる。
2　仁生社の職員としてふさわしい基本的な心構えと態度を身につける。
3　介護の基本的な知識と技術を習得する。

第10章　適材適所を意識した現場リーダーの発掘
――意識改革に重点を置いた組織改革のプロセス

1　深刻な人材不足が意識改革の発端

(1) 深刻な人材不足――社会福祉法人旭生会が改革を始めたきっかけ

全国的に深刻な介護人材不足に喘ぐ中、社会福祉法人旭生会では、二〇二一年の一年間に約九〇名の応募者があり、うち約五〇名を新たに採用（新規事業含む）した。誠にありがたいことに、途切れることなく求職者が旭生会を訪れてくれる。特別養護老人ホーム旭ヶ丘園における二〇二一年度の年間平均稼働率は、従来型・ユニット型共に約九九％であった。

しかし、当法人は最初からこのように「人が来てくれる法人」であったわけでも、ベッド稼働率が頗る（すこぶる）高い組織であったわけでもない。むしろ十数年前までは、職員の不満が多く、人の定着しにくい介護現場であり、また常に何人かの入院者を抱えている……。それが日常の風景でもあった。

そのような状況の中で入職した筆者は、職員とともに「介護現場の運営とはどうあるべきなのか」というテーマと真剣に向き合い、十数年間にわたる死闘の組織改革とリーダーづくりに取り組んできた。その結果、確実に組織の質が変わり、組織運営に「自分事」として取り組む職員が組織のあちこちに生まれるようになった。

また、決して「数字」を追い求めたわけではない。組織改革を続ける中で、その後(あと)を追うようにして自然に「数字」が付いてきた、というのが正直な感覚である。組織は常に生々流転して、いつ何時(なんどき)どう変わるかなど「神のみぞ知る」世界である。また、そもそも組織に「最終形」などというものは無い。従って、今日この瞬間を切り取って「成功・不成功」を云々(うんぬん)するつもりなど微塵(みじん)もない。「組織」とは、それらを取り巻くあらゆる環境の変化に即応して変化し続けなければならない宿命を帯びた「生きもの」であると思うからだ。

(2) 改革の始まり——深刻な危機意識からの出発

旭生会は、鹿児島市の事業家（筆者の義父母）の寄付により一九九七年に創立された法人であり、「地域の人たちが老いたときに、幸せな最期を迎えられる場所を作りたい」との思いから、特別養護老人ホーム旭ヶ丘園などを建設した。

二〇〇九年八月、筆者は同園に副園長として入職した。当時の旭生会は、制度や社会環境の変化の中でその対応に苦労しており、職員間の不協和音、利用者・家族からのクレームなどが少なからず見受けられる組織でもあった。また、入院による空きベッドが多いために、収支状況も黒字とはいえ低い収支差率に甘んじていた。

就任直後、その淀んだ重たい空気に衝撃を受けた。強い危機感に苛（さいな）まれた筆者は、脳裏に強く「改革」の二文字を意識しながら組織全体の俯瞰・把握に乗り出した。

2　職員の話を傾聴する——「働く人」への思いなくして介護は成り立たない

(1) まずは思いをヒアリング

改革に着手する前に筆者が行ったことは、「すべての職員と対話する」ことであった。当時、旭生会には約一〇〇人の職員が働いていた。筆者は職員の空き時間を見計らっては、一人ひとりの話に耳を傾けた。そこには、たくさんの発見と驚きがあった。そして、「対話」がいかに大切であるかを痛感した。

「現場の声を無視して、『上の人』が半ば感情的に物事を処理している」「私たち職員がいくら言っても無駄です」「風通しが悪い」「何かあったら病院頼み」「介護にやり甲斐を感じない」「ビジョンが見えない」などの不平不満を、筆者は嫌になるぐらい聞かされた。

これらの話を聞くうちに、「人にはなぜだか『良い自分になれる場所』と『嫌な自分しか出せない場所』がある」と思うようになった。そして、「旭生会が『良い自分になれる場所』となるには、どうしたらよいのか」を考えるようになり、やがて「『利用者の尊厳』を云々する前に、そもそも『働く職員の尊厳』の扱われ方に問題があるのではないか？」と筆者は気づき、これが「改革」の出発点となった。

(2) 人は「環境」の中で育まれる

旭生会では、何事においても、その「本質」(「人とはどのようにして育まれる生きものなのか？」)を問う。意識が変わらなければ、人は動かない、行動は変わらない。人の意識が変わるには、「環境」及び「教育」が重要である。なぜなら、人は「環境」の中で育まれるからである。「改革」に着手するには、まず「組織の土台＝環境」から先に手を入れる必要があった。組織改革の骨子は、次の三点であった。

① 「生身の人間が生身の人間を看る」介護の世界──組織改革の要は「人」にあり。
② 環境(組織風土・関係性・立場・機会・教育等)が「人」を育む。
③ 一人ひとりが自身の「ものの見方・考え方・捉え方」に着眼し(＝クリティカルシンキングと

各個人のビリーフからの解放）、主体的に各個人の課題の本質に取り組み、負のスパイラルから正のスパイラルへの転換を図る。

3　若手リーダーの登用と行動様式の確立

（1）年功序列に捉われない適材適所を意識した若手リーダーの登用

組織改革は一人の思いだけでは行えない。「仲間」が必要だ。まず実行したのが、改革実行のためのコアチームの編成だった。ヒアリングの結果を基に、年功序列や実務経験にとらわれず、志の高さとリーダーシップが取れるかどうかの可能性、すなわち「人間力重視」の人選をした。

筆者が最初に白羽の矢を立てたのが、当時、特養の係長職にあった中村純也（当時三〇歳、現・施設部長、以下、中村）であった。中村は「異業種からの参入組であり、経験も少なく自信が無い」という理由から昇格を固辞し続けたが、「立場が人を育てる」と励まし中村の背中を押し続けた。それまでの年功序列を撤廃し、ロールモデルとなるべく育て、未来に夢と希望の持てる働き甲斐のある職場を創りたいと考えたのだ。

同時に改革の鍵となったのが、「介護現場における看護師」の立ち位置と役割の明確化及び「介護職と看護師の間にある壁」の撤廃と相互の協力体制強化であった。具体的には当時の看護課長（定年前）を係長に降格し、「医療・看護知識を備えたヘルパーの養成」を任務とするヘルパー事業所の責任者に転属させた。それが、彼女を育てる最良の場であると考えたのだ。

そして、外部から組織マネジメントに長けた看護師を「看介護部長」として採用し、中村とともに、「看護と介護の連携強化」を命じた。かくして新看介護部長・中村課長をはじめとする七名の改革実行チームが編成され、旧体制派と時に激しくぶつかり合いながら、改革を実行していくこととなる。振り返れば……、それは、まさに「戦場」であった。

あれから一三年。当時の看護課長は定年後も自らの使命を果たすべく、今なお後進の育成に尽力し、二〇二〇年度には新たに育ったリーダーが過去最高益を記録した。またヘルパーステーションにおけるストレスチェックの数値結果は、全国全産業との比較においても際立って優れたものであり働きやすい職場環境を創り出せている証左ともいえる。

(2)「ものの見方・考え方・捉え方」一つですべてが変わる

筆者は入職以来、一貫してウィリアム・ジェームズの「意識が変われば行動が変わる。行動が変われば習慣が変わる。習慣が変われば人格が変わる。人格が変われば人生が・運命が変わる」という言葉を踏まえ、「人とは『思い込み』の中で生きている生き物である。自分自身の思い込みに『気づける』ことは稀有（けう）であり、ゆえに『気づく力』は人間力そのものである。『気づき』によってのみ『意識』は変わる」という言葉を職員に言い続けている。

つまり、『ものの見方・考え方・捉え方』一つで、人も組織も何もかも変わるのだ。改革コアチームは、日々山のように押し寄せる課題解決のプロセスを通して、事あるごとに対話を重ね、「介護施設によくある既存の常識」を疑い（＝クリティカルシンキング）、「人が人を看る」という視点を軸として、組織としての考え方や行動様式を確立し共有していった。それは「課題の本質に手を入れずして、解決できることは何一つ無い」という筆者の信念が、ＯＪＴですべての職員に浸透し、受け継がれていくプロセスでもあった。図10－1は、その信念を図にしたものである。

図10－1　課題の本質と現象

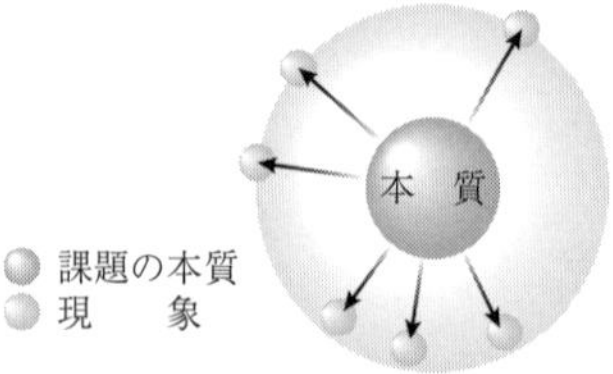

本　質

課題の本質
現　　象

出所：筆者・中村純也（旭生会施設部長）作成。

図10－1に示すように、介護現場で起きる様々な問題（ヒヤリハット・事故・各種ハラスメント・トラブル・クレーム・悩み・不仲・軋轢など）は、必ず「課題の本質」から「現象」として発生する。人は往々にして現象にとらわれて、「なぜ、それが起こるのか？」を深く見ようとしない。そして、対症療法（＝その場しのぎ）に終始してしまう。つまり「現象」は「諸問題」として、「本質」から永遠に発生し続けることになる。それはあたかも「もぐら叩き」のようである。やがてそれらは幾重にも重なり複雑化し、何が問題なのかさえわからなくなってしまうだろう。課題山積の組織とは、そのような状態にあると考えられる。

4　人間関係の問題

(1) 様々な人間模様

「人の悩みの九割以上が『人間関係』である」といわれる（岸見・古賀 二〇一三）。そこに「人」が存在する限り、それが基盤となる。組織を舞台として、「組織vs.職員」「職員vs.職員」「職員vs.利用者」「職員vs.利用者家族」「組織vs.関係業者」などの様々な人間関係が繰り広げられる。「対人援助」を生業（なりわい）とする私たちの事業所においては、それ（人間関係）が最も重要であることは自明の理である。

筆者は、「会社組織」は「生体組織」と同じと考える。人間の身体が約三七兆個の細胞でできているように、会社組織においては職員一人ひとりが一つの「細胞」であり、その人数分の細胞によって組織が組成されていると捉えられる。一つひとつの細胞（職員）が健全でなければ、その全体（組織）も健全ではなくなると同時に、相互の関係性の良し悪しがそれぞれの細胞（人）に与える影響こそ甚大であることは、周知の事実である。

つまり、良質のケアが提供できるためには、法人が健全でなければならない。法人が健全であるためには、職員の一人ひとりが心身共に健全であり、なおかつ職員相互の関係性が良好であることが求められる。

(2) 傾聴・対話の文化――「『ケアする人』をケアする」という意識

人間関係における様々な課題を解決していく中で、望ましくない人間関係を改善するための有効な方法の一つが「傾聴」であることに気づかされたのは前述の通りである。福祉事業を行う者の中では、「ラポールの形成」には「傾聴」が必須であることは「常識」であり、利用者との間では日常的にそれを心がけた介護が行われているはずである。だが、翻(ひるがえ)って各々の「人間の基盤」となるはずの家庭や職場の中ではどうだろうか。

人は慣れや忙しさにかまけて、「傾聴」することをついつい蔑(ないがし)ろにしてしまう。あるいはまた「言わなくてもわかってくれるはずだ」とか、逆に「語ったところで、わからない人にはわかりっこない」など、様々な理由から意思疎通(コミュニケーション)が疎遠になりがちではないだろうか。

筆者にはすべての職員と対坐し、ひたすら話を聴くことに徹した一年間があった。一見手間暇掛かって遠回りにしか見えない作業だ。また、簡単にできそうでいて実際にはなかなか難しい作業でもある。実際、周りから「副園長(当時)は何やってるんだ!?」との批判の声が漏れ聞こえないわけではなかった。だが、ここを丁寧に行うことで相手は心を開き、関係性は一瞬にして変わることを、弛まぬ実践の中で幾度となく経験している。経験が重なると、それは確信に変わり、やがて旭生会の組織風土が醸成されていった。

（3）ボトム・アップ体制

旭生会では、決してトップダウンで現場に無理強いすることはない。たとえ新人であっても、必ず発言の機会が与えられる。全職員が介護のプロフェッショナルとしてフラットな立場から対話し、協議するというスタイルが取られることによって「心理的安全性の高い職場環境」へと変化し、やがてそれは「旭生会の文化」となった。それこそが、「働く人の尊厳」を尊重するということではなかろうか。筆者はじめ改革実行チームのメンバーは、この理念に基づいた「組織の考え方、行動様式の確立と共有」が、改革を実行する上で最も大事であると考えながら改革に取り組んだ。

5　意識改革からのスクラップ&ビルド

（1）事業部制の導入とＯＪＴ

「人が人を看る」にあたり、一番良い体制を作るため、改革実行チームを中心とする現場リーダー主導の組織改編と業務改革が重要であった。組織改編においては、各リーダーがセクション長となり、事業部制で管理できる責任と権限を委譲し、各事業の状況に応じた迅速的確な意思決定をするための体制を導入した。事業部制の導入を図ったのは、介護職員が自分たちの提供している介護サービスについて、事業的な側面からもサービスの側面からも理解が乏しいと判断されたからだ。事業部制にすることによりＯＪＴをする中で、まずはリーダーに介護サービス事業と組織との連関について理解させる目的もあった。

そして、各セクション長が相互に話し合い、人選を行い、組織図を再編成した。その結果、約一〇〇名のスタッフの三分の一を異動させる大人事異動となった。いわゆる「組織のガラガラポン！」である。改革実行チームメンバーは「思い出すだけで、身震いがする。同じことを二度やれと言われても無理だ」と振り返る。これができたのは、一つには経営者としての自分の覚悟、もう一つには職員の「良き職場環境」への強い希求という二つの要因があったからだと、筆者は考えている。

(2) 介護サービスの質の向上――看取り率一〇〇％の介護施設へ

次に、改革の目標を「介護サービスの質の向上」と位置づけ、以下の三本柱を軸に業務改革が進められた。

①　協力連携各機関の見直し

・嘱託医：一般診療所の医師から在宅医療支援診療所の医師へ変更
・歯科医：摂食嚥下機能回復指導に積極的取組みの訪問歯科医に変更
・薬局：ＩＣＴ化推進で介護現場のニーズに寄り添う伴走型薬局に変更

②　専門的ケア（口腔ケア・排泄ケア・看取りケア）の質的向上
　協力連携諸機関との連携・協働および組織内研修を経て、データ収集・分析による成果と評価の「見える化」によってＰＤＣＡサイクルを回して改善・向上を図る。

③　業務の専門化と効率化を図る
・介護職と看護職の壁を取り払うべく、看護師も可能な限り介護業務を行う。
・「介護手伝い隊」導入により、介護の周辺業務（シーツ交換・掃除・除菌など）を地域のシルバー人財に担って頂き、介護業務の専門化と効率化を図る。

　また二〇一二年から喀痰吸引等の制度が導入され、介護職も喀痰吸引等の医療的ケアをできるように組織として推奨し促進した。具体的には、資格取得に関わるすべての費用を組織で持ち、長期にわたる研修にも業務として行ってもらい、さらに介護職が安心・安全に業務に携わることができるよう、組織として保険を掛けて保障もしている。

　現在、旭生会では介護職一〇〇名中五一名（プラス七名が現在研修中）の喀痰吸引資格取得者を育成した。夜に看護師配置義務のない特養においては、介護職の中に喀痰吸引資格者が複数名いるという体制は、高医療依存度の利用者が安心・安全に利用できる所以でもあり、結果として「（希望者に対する）看取り率一〇〇％の特養」を可能としている。

人材不足の中では、職員を長期にわたる研修に出すこと自体が難しいと言われる。「それなのになぜ、旭生会は複数名の介護職を同時に研修に出すことができるのであろうか？」という質問をよく頂く。旭生会にも過去には何度も「人が足りない！」時期はあった。特に二〇一八〜二〇二一年にかけて、若い職員の家庭はベビーラッシュに沸いた。約三〇人もの赤ちゃんが誕生し、産休・育休が相次いだのだ。だが、以下の要因によりピンチを免れた。

① 職員相互の関係性が良好で、「お互い様の精神」による助け合いの土壌があること。
② 「資格保持者が多ければ多いほど、一部の資格保持者だけに負担がいかない」という認識と、高齢者を最期まで安心・安全かつ安定的に看ることができるという認識を、すべての職員が経験的に持っていること。

また、この要因によって、研修による不在者の穴を全職員が一丸となって支え合い、多くの資格保持者を生んだ。「関係性の良さ」が業務改善、ひいては組織改革を成功に導く土台となることを示している。

6　見える化・データ化・プレゼンテーション――エビデンスの形成と自己肯定感の育成

どんなに素晴らしいケアを提供したとしても、残念ながら「介護」は形として残らない。すべては霧の如くに消えてしまう。また、相対的評価はできても絶対的評価は難しい。ゆえに介護職員は利用者からの「ありがとう」の言葉だけを明日へのモチベーションに、職務に励んでいる場合が多い。「これでは疲弊するだけなので、介護の現場で働く人々の『自己肯定感』を育み、仕事に自信と誇りを持って働いてほしい！」という思いを、筆者は改革四～五年目頃から持ちはじめ、「介護の見える化・データ化・プレゼンテーション」を重視した事業に取り組むようになりはじめた。

中村とともに、それまでの旭生会の取り組みを時系列にデータ化し、プレゼンテーションにまとめたのである。その結果、プレゼンターの中村は二〇一五年全国老人施設協議会職員研修大会で見事優秀賞を獲得。次いで二〇一六年の「『福祉に対する私たちの想い』スピーチコンテスト」では鹿児島県知事賞を受賞。それを機に、中村には講演・講師依頼があちこちから舞い込んだ。さらに中村に続き、全国大会・九州大会で賞を獲得できる若手も出てきた。

近年では、鹿児島県介護技能コンテスト（鹿児島県社協老人福祉施設協議会主催）において二〇一八年以来四年連続鹿児島県一位を獲得し続けている。また、組織としては「健康経営優良法人大規模法人部門」で、日本健康会議（経済産業省・厚生労働省）より二〇一八年以来五年連続その認証を受け続けている。これは、働く人の心身の健康に鑑みた経営を行うことが組織の生産性を上げることにつながるという「健康経営優良法人」の理念と、旭生会のそれとが見事に一致していたことが理由だと筆者は考えている。

こうして他者からの高い評価を得ることによって、組織全体の意識が大きく変わり、「やればできる‼」、「自分たちのやってきたことは間違いではなかった‼」と思えるようになってきた。また、それまで「ルーティン・ワーク」として「こなしていた」感も否めない介護業務の一つひとつがデータ化され根拠を持って表現されるようになると、それぞれが意味・意義を持ち、利用者にどのような効果をもたらし、それはやがて組織経営にもどう影響していくのか、さらには自分たちの給与にどうつながっていくのかを理解しはじめるようになった。それは点と点がつながって線になり、面になり、やがて立体になっていく感覚、点在する思考と行為が「統合」されゆく貴重なプロセスであった。

7　組織の哲学・理念の確立と経営の「わかる」リーダー育成

（1）組織の哲学・理念をいかに伝えるか

「改革」とは、決して平らかな道ではない。改革者は、途中、「抵抗勢力」との戦いに幾度となく足

図10－2　旭生会のミッション・ビジョン・バリュー

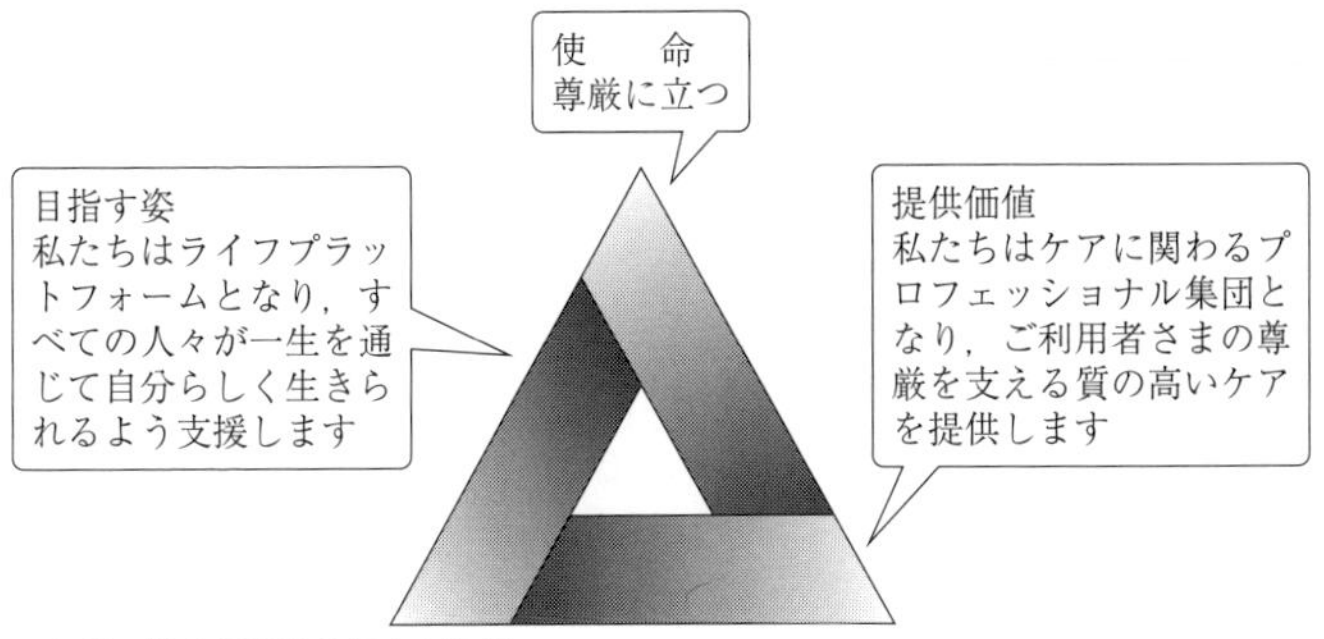
使　命
尊厳に立つ
目指す姿
私たちはライフプラットフォームとなり，すべての人々が一生を通じて自分らしく生きられるよう支援します
提供価値
私たちはケアに関わるプロフェッショナル集団となり，ご利用者さまの尊厳を支える質の高いケアを提供します

資料：社会福祉法人旭生会資料。
出所：池田紫乃（慶応義塾大学医学部医療政策・管理学ウェルビーイングリサーチセンター）作成。

を掬われそうになる。たとえ、その先によりよい世界が待っていることが約束されていたとしても、人は、単に「変化」に対する不安と恐怖から、「変わる」こと自体に強い抵抗感を抱きがちである。

「人が『変化』に対するネガティブな感情を乗り越え、自らの意思で挑戦しようとするマインドになるにはどうしたらよいのだろうか」という問いが、改革コアチームの中に生じるようになった。リーダーたちのぶれない強靭な魂と、それを支え見守るトップリーダーの度量が、改革を進める中で求められるようになってきた。

やがて、改革がある程度軌道に乗ってきた時、旭生会の組織における「ミッション・ビジョン・バリュー」の策定に取り掛かった（図10－2）。旭生会としての哲学・理念を確立させ、介護職一人ひとりが介護のプロフェッショナルとなり、理念に基づく介護サービスを提供していくためである。介護が「人が人を看る」営みである以上、「そもそもその『人』とはどういう生き物なのか?」という視点・視座は欠かせないと筆者は考える。

① 心が動かなければ、人は動かない。
② 人は愛されてはじめて、他人（ひと）を愛する術（すべ）を知る。
③ 人は自らの尊厳を大切にされてはじめて、他人（ひと）の尊厳も大切にできる。

こうした旭生会の新たな理念が紡ぎ出されるまでには、約三年もの歳月が必要だった。旭生会の理念「尊厳に立つ」とは、高齢者が最期まで自分らしく生きられる支援として、尊厳を支える個別ケアを提供するためには、まず初めに「職員の尊厳」が大切に扱われるべきものであり、その結果として利用者の尊厳は大切にされるであろう「プラスのエネルギー循環」をイメージして創られている。その際、一見矛盾して聞こえるかもしれないが、その大前提として、すべての職員の意識の根底に「顧客第一主義」の思想があるべきことを付け加えたい。それがあってこそ、経営者は「まず初めに職員の尊厳を大切にします」と言えるのである。

（2）経営の「わかる」リーダー育成

①　経営企画室の立ち上げ

組織の土台が整いはじめた頃、次は「上屋（うわや）」を積み上げるべく、組織の行動指針を策定し、次世代の育成に取り掛かった。「経営のわかるリーダー育成」を行うため、コンサルティングファームの支援（過去約四年間）を受けながら経営企画室を立ち上げ、ＯＪＴとして旭生会の新規プロジェクトの策定を指示した。経営企画室では、マーケティング調査、新規プロジェクトの企画提案などを行い、そうした中から新たな優秀な人財が育っていった。

②　座学から実践へ――「任せる」ことが人を育てる

また、地域医療機関の医療ソーシャルワーカー（ＭＳＷ）に対するヒアリング調査を行ったところ、七〇％のＭＳＷが「退院支援を急速に進めなければならない中で、医療ニーズに対応できる施設がない」と返答した。これらのマーケティング調査結果から、経営企画室は理事長を含む経営陣に対し、旭生会が「医療・介護・生活・地域」を一体的に提供する新しいカタチへと進化するため、医療ニーズに対応できる住まい設立の提案を行った。そして、若手職員三名が中心となって高医療依存度特化型の住宅型有料老人ホーム「縁側」の立ち上げと運営を開始するに至った。

二〇二一年度の「縁側」入居者の年間平均要介護度は、「四・八」（過去最高は四・九）である。人工呼吸器管理、難病、ガン末期など、他の施設では受け入れが困難な利用者に対して、医療サービスを受けながらも病院では得られない「普通の暮らし」と地域交流の機会を提供している。

当初「医師でない経営者が、まるで介護医療院のような施設を運営できるものか?」という懐疑的ご意見・ご批判をたくさん受けたが、若きリーダーたちは約一年で「縁側」を見事に軌道に乗せ、その後数々の紆余曲折を経ながらも今や病院の地域連携室から「困ったら縁側さんに」と言われるまでの信頼を獲得した。これらを可能とするには、高い介護技術と同時に緻密な経営ノウハウが必要とされるがゆえに、類似施設は日本全国見渡しても他には見当たらないとして、高い顧客満足度を得て周囲からの注目を浴びている。

企画・立案から始まって全プロセスをOJTとして経験したスタッフは、大きな自信を得た。それと同時に「縁側」に対する思い入れもとても強い。

③　大黒柱の危機

ところが、新規事業の立ち上げに気を取られている間に、「旭生会の大黒柱」とも言える特別養護老人ホームの様子が何やらおかしくなってきた。退職者がぽつりぽつりと出はじめ、ここ数年来無かった雰囲気に幹部職員らの顔が曇りはじめた。「縁側」のスタートアップに「特養から優秀な職員を複数名異動させたため、その後のリカバリーが上手くいっていない」と言うのだ。「特養」職員の心は折れかけていた。折しも、次なる新規事業の立ち上げに取り掛かった頃（二〇一九年）のことであった。

この時、筆者は「手あて」が足りなかったのだ、と後悔した。「こっちの皿を回して、後ろの皿を振り返ったら……。もう、落ちかけよう。経営は『皿まわし』に似とうけぇ」という「師匠」と仰ぐ御方の名言を筆者は思い出し、改めて「こういうことを示唆していたのだ」と思い至った。その後も旭生会は大きな荒波に幾度となく揉まれながらも、新規事業立ち上げと同時並行で、何段階かに分けて異動と機構改革を繰り返すこととなる。

8　地域への貢献とさらなる次世代リーダーの育成

(1) 地域に開かれた組織へ

若い世代の介護職離れが進む中、旭生会は学校や地域からの要請を受けて、小中高生へのキャリア教育、福祉系高校への講話や実技指導、魅力ある介護の社会発信（県社協はじめ自治会や民生委員の会、福祉系高校教員との交流や講話等）を行い、次世代の人材確保・育成・潜在介護職の復職等につながる活動を行っている。

改革以前には要請を受けることは無かったことを考えると、地域における旭生会への信頼と期待は大いに高まったことが伺える。活動の中心となるのは、当法人内の「地域連携室」である。地域連携室のスタッフは、自治会や学校への出張講話、地区の蕎麦打ち行事・河川クリーン活動・校区行事等への参加など、地域貢献活動も幅広く行っている。旭ヶ丘園地域交流スペースで例年開催されるオータム・ハロウィンフェスティバルには、一日で約六〇〇人以上もの地域住民が訪れる。

旭生会は「他流試合」で組織は飛躍すると考えている。自施設だけの狭い価値観にとらわれた経営・運営に留まるのではなく、あらゆる世代・業種・分野・地域・価値観……に触れることによって世界観を広げることが、「人」の成長を促し、より豊かに「人を看る」ことにつながると信じている。これまでにも、地域おこし協力隊、プロレスラー、宝塚トップスター、住職、新聞記者など、一見介護とは関係ないような様々な職種の方々が旭生会を訪れ、対話による交流から「共に地域を創る」ためのコラボレーション等へと発展している。

（2）さらなる次世代リーダーの育成

経営企画室所属の若手リーダーたちで、次世代のリーダーを育成するため、希望者を募り定期的に就業時間後に『経営マネジメントセミナー』を開催することとなった。

介護現場の日常は極めて忙しく、「業務」に追われるばかりで狭い視点に留まりがちとなる。「木を見て森を見ず」という言葉がある。どこの組織でも自らの仕事が介護保険法や組織の経営収支とどのようにつながっているかに興味を抱くことさえ無く、「現場」と「経営」がまるで別物のように分断された感覚の中で業務に就いている現場職員が多いのも事実だ。経営企画室のメンバーは、それを

「組織のリスク」と捉えたのだった。

組織が永遠に成長を遂げるためには「仲間」が必要である。一部の人間だけが熱心に取り組んだとしても、たかが知れている。一人でも多くのスタッフを教育し、対話を通して意識を高め、組織改革に参画できる部下を養成する必要性に迫られていたのだ。と同時に、「人を育てる」ことこそが、実は「自らを育てる」に他ならないことを彼らは知っていたのである。

そして驚いたことには、現場リーダーをはじめ、二〇名もの若者たちが即座に手を挙げて彼らの下にやって来たのだった。セミナーの概要は以下の通りである。

・**マネジメントセミナーのミッション**

①　次世代リーダー（セクション長）の育成

②　現場の問題をしっかり捉え、改善のために行動できるスタッフの育成

③　ヒト・モノ・カネ・コトを総合的にマネジメントできる人材の育成

・**主要テーマ**

「人材マネジメント」「事業運営に必要な経営指標の見方・考え方」

・**セミナーの一年間の流れ**

「マネジメントセミナーの目的の共有」→「現場課題の抽出と分析」→「課題解決に必要な座

学の提供」→「アクションプランの立案」→「理事長へのプレゼン」→「現場での実行」→「経過管理、座学フォロー、事後評価」

9　新しい時代へ向かって

二〇二一年四月一日……遂にその時は来た!!　旭生会で鍛えられた生え抜きの若手職員（村脇総務部長（当時三六歳）、中村施設部長（当時四一歳）、二宮在宅部長（当時三六歳））を法人本部に置き、三部長による挙党態勢を構築、その下に彼らの育てたセクション長を配備した。

折しも、二〇二一年九月一日午前九時一三分。旭生会幹部ラインに新型コロナ感染者職員発生の報が入った。「遂に来たか!!」と組織内に緊張が走る。同年四月に新規オープンしたばかりの施設の新入職員に陽性反応が認められたという。「組織力」はピンチの時に試される。第一報が入った瞬間から リーダーたちの冷静沈着にして無駄のない動き、適時適切な判断力、対応力、陣頭指揮を執る姿は、まるで特殊訓練でも受けたかのように洗練されており、部下たちを安心・安全に業務を遂行させるに十分なリーダーシップであった。結果的に新たな感染者を出すこともなく、被害を最短にして最小限に留めることができた。逆に「この一件があったからこそ」新規事業所の結束力が高まったともいえ、彼らは意識的に「ピンチをチャンスに変える」力を備えていたといえる。

しかしながら、「組織」はまさに「生きもの」であり、また「組織」に影響を及ぼすものは内的要因だけではない。特に、この度のコロナ禍（＝外的要因）では、感染防止を至上命題とする介護施設においては、極めて閉鎖的・内向き・自己完結的組織にならざるを得ない状況に陥った。その家族をも含めて私生活に至るまで徹底した感染予防に努めなければならない職員の士気を削ぐことなく、夢と希望、やりがいに満ちて仕事に取り組める組織であり続けることは至難の業である。

いずれにしても、組織の理念を正しく理解した中間管理職が、経営トップとともに「なりたい自分」「やりたいことの実現」へ向けて環境を整備し、部下の背中を押すことができる人財として育てることが非常に重要である。コロナ禍を境に、「世界」はあまり類を見ない大転換期を迎え、これまでの常識では測れない時代に入った。常に物事をクリティカルに見る力と姿勢が必要だ。

スタッフの力を信じ「自立と自律」を促すべく、「放牧経営」を標榜する経営者の下で育成・養成されたリーダーが、職員相互の尊厳を尊重しつつ、「対話の文化」を通して次の世代を育てる「循環型人財育成の文化」を旭生会は目指す。

参考文献

岸見一郎・古賀史健（二〇一三）『嫌われる勇気――自己啓発の源流「アドラー」の教え』ダイヤモンド社。
厚生労働省社会・援護局（二〇二一）「第八期介護保険事業計画に基づく介護職員の必要数」（二〇二一年一一

月四日閲覧)。

日本介護福祉士養成施設協会(二〇一九)「介護福祉士養成施設定員充足率」(二〇二一年一一月四日閲覧)。

(園田希和子)

第11章　地域ネットワークを活かしたサービスと勉強会
――クレーマー対策の事前準備と介護職員へのフォロー

1　訪問介護の働く場の現状

（1）介護人材不足が深刻化

地域での訪問介護員の不足が、深刻な問題になってきている。筆者は訪問介護事業所の経営をしているが、通常は介護支援専門員の仕事もしている。ケアプランを作成する中で、土・日曜日の訪問介護サービスの調整が難しくなっている。数十社の訪問介護事業所に連絡をするがほとんどが断られてしまう。さらに、それが困難ケースにいたっては尚更難しい。手配が何とかできたとしても訪問介護員の訪問できる時間に支援の時間を合わせる形で何とか折り合いをつけるなどしている。

筆者の事業所でも、訪問介護員の手配は同様に難しいのが現状である。訪問介護員の求人募集をかけてもまったく来ず、有料広告を出しても問い合わせの連絡もない。事業所の地域は大都会で訪問介護員をしてみたいという地域住民は少ない。都営住宅が立ち並んでいるが、高齢化が進み介護の担い手は少なく受け手が多い地域である。

介護は夜間帯から早朝に行われることが多く、また年末年始なども休むことは難しい。食事・排泄などは毎日定期的に必要となるからである。そのため、訪問介護を必要とする利用者にサービスの切れ目を作らないようにしている。それゆえ、サービス提供責任者の調整業務などの負担は重くなる。人手不足の中、早朝から夜間まで幅の広い時間の対応や移動時間を考慮しシフトを組む。訪問介護員の休みや通院介助など突発的な依頼もあり調整を何とかやりくりをしている。サービス提供の現場に入り、その後、調整業務や記録をするのが現状で、これは、どの事業所でも同様の事態が起きていると推測される。新たな依頼があっても、このような状況では受けることは難しい。

通常の介護職員も早朝から遅くまで予定が詰め込まれ、昼休み以外はみっちりこなさなければならない。他の介護職が体調不良などの突発的なことがあれば、その分もカバーしなければならない。

(2) 介護職員の高齢化

介護職員の高齢化も年々深刻になってきている。筆者の事業所でも、七〇代の訪問介護員が何人かいる。彼らは大ベテランで、まだまだ若い人には負けられないという気持ちを持って仕事をしている。確かに、介護職員のプロとしてプライドや経験・精神力はある。しかし日々の中で蓄積していく疲れもあり、眠さを必死でこらえている姿や移動の自転車で転びそうになることや勘違いのミスなどが、多く見受けられるのが現状である。高齢でも仕事をしようというチャレンジを人生の先輩として応援したいが、プロとしての介護ができなくなった際の継続は難しいので、少しでも困難を感じたら包み隠さず話すようにと周知徹底している。もちろん筆者自身も高齢者となってからも、今の仕事を続けたい気持ちはある。その先輩としても尊敬の念は常に持っている。

しかし、いつまでも高齢化した介護職員に頼り続けることは難しい。未来を考えれば若い世代の力が必要になってくる。大学や専門学校などでは介護を学ぶ学生が激減しているし、若い人が希望を持って介護の仕事に就こうとすることは少ない。家族も介護の仕事に就くことを反対するケースもよく聞く。若い世代がやりがいのある素晴らしい仕事であると思って介護に興味を持って、仕事に就かなければ介護業界はいずれ消滅してしまう。

人に感謝され人生を学ぶことができる奥行きの深い仕事は他に少ない。また介護のように、若い人が興味を持って一生懸命頑張れる素晴らしい仕事は、そう多くはない。

(3) 質の確保

人材不足の中、介護職員の質も問われている。資格は短期間ですぐに取れ、就職してすぐに現場で業務に就かせる事業所もある。その場合、経験も無くすぐに一人で個々の利用者の家に行かなければならないこともある。決められた内容を形だけこなすことはできたとしても、真の介護職といえるレベルになるのは、そう簡単なことではない。

利用者に対して尊厳や自立支援を意識し介護ができる職員は少ない。人生後半で失われていく能力が増える利用者と向き合い、寄り添いながら支援をしていかなければならない。利用者の身体・心・今まで培ってきたライフスタイルなどを理解する努力をすることなどは、意識が高くなければできない仕事だ。繰り返すが、介護は誰でもできるようで奥が深くやりがいのある仕事である。

2　地域でのネットワークづくり・協力体制の必要性

(1) 研修の意義

筆者の訪問介護事業所では毎月一回勉強会を行い、介護技術、介護保険制度、倫理、事例検討など様々な内容を勉強している。地域でも訪問介護事業所の連絡会があり、定期的にサービス提供責任者・訪問介護員向けの研修会を実施している。世話人を選出し、現状の課題などタイムリーな内容を検討し企画し行っている。さらに行政・医療関係者とネットワークを構築し、多職種との事業者協議会を設立して合同学習会も年に数回行っている。

このような取り組みを続けていると、事業者間の枠を越え顔の見える関係ができて連携も深まってくる。オムツ交換や食事介助などの毎日行う必要のある介護は一事業所での対応は難しく、介護内容を統一する意味でも必要なことだ。また、各事業所の仕事の内容など情報交換ができ、お互いの悩みを共有するなど問題点の改善につながっている。

（2）連携業務の重要性

地域包括ケアシステムが推進され、訪問介護の事業所間だけでなく医療・介護の連携も進んできている。在宅医療が進み自宅で療養生活をする利用者が増え、医療職との連携は不可欠となりつつある。このような状況の中で、行政の橋渡しを契機として、介護に熱心な在宅訪問診療所で学習会に声を掛けられることが増えた。また、大病院からも主催の感染予防、疾患の知識など研修会の定期的な呼びかけがある。ケアの質を上げるには医療との連携は不可欠だ。さらに行政主催で多職種連携の研修会を開催し医師、歯科医師、薬剤師、栄養士、看護師、理学療法士、作業療法士、ケアマネジャー、介護士など様々な職種と一緒に、事例検討などを行うようにもなった。

このように、多職種との連携が積極的に行われることで、より質の高い自立支援のケアが行われるようになると思われる。ただ、このような学習会に介護福祉士が参加することは少ない。どうしても医療職中心でエビデンスの事例を基に、意見交換をすることが多い。介護福祉士もできるだけ参加し、積極的に発言することが重要である。データでは図れないが、特に日々の業務の中で経験した成功例などをしっかり発言するべきだ。

認知症高齢者の一人暮らし、老々介護、医療依存度の高いケア、虐待など様々な問題がある中、介護サービスだけで支えるのは難しい。行政・医療・地域住民とも連携しながら、それぞれの力を結びつけ問題の解決が重要となる。

3　激しいクレーマーへの対策

(1) クレーマーの問題

感情的に介護職員に突き付けられる激しい苦情や社会的ルールを度外視した「クレーム」という名の要望は、介護現場で大きな問題となって久しい。しかしながら、クレームへの対応等について、実践的な対応方法は教育の場では教えてもらえないので、筆者は長年の経験の中で学び対応してきた。原則としては、激しいクレームをする利用者・家族に対しても傾聴し、不安や困りごとに少しでも対応できるように粘り強い関わりを繰り返すことが基本方針となる。しかし、「クレーマー」による要求はエスカレートするのが一般的で、一人の利用者に多くの時間が取られ、半日以上も時間を費やしてしまうことが頻繁に起きる。そして、このようなやり取りはさらに長期に渡り続き、他の仕事もほとんど手に付かない状態に追い込まれることも頻繁に起きる。早朝から夜間遅くまでその対応が続き、日曜・祝日などの休日も関係なく相談や不安解消の連絡は続く。

(2) ハラスメントがエスカレートしていく

このようなクレーマーの特徴として、緊急な対応を要する内容は少なく、平日でも対応可能な内容に関する連絡が頻繁に入ることが多い点が挙げられる。そして、そのような内容の連絡の場合、すぐに応答しないと早急に連絡をしないことを激しく問い詰めてくるのである。このようになってしまうと、本当に要求したかった事とは全く異なる話が延々と続き、なぜこのような話をしているのか全くわからなくなる。そして、ちょっとした行き違いが会話の中で生じると、今度はその「行き違い」となった発言の内容に関するやり取りに終始する事になる。また、休みについて説明しても納得を得ることは難しいのも、特徴の一つである。

筆者も過去の経験の中で、物を投げられたり包丁で脅されたりと、社会的ルール上、到底受け入れられない行動をした利用者・家族とも向き合ってきた。いつかは信頼関係ができ、落ち着きを取り戻し変わってもらえるだろうと思い傾聴等を繰り返すが、状況が変わらないことが多い。

そういった対応が続くと、自分自身の精神状態のバランスも崩してしまうこともある。そして、挙句の果てには自分の対応が悪いから、このような事が起きるのだと思い込んでしまうようになる。関係が悪化すると、事業者と利用者・家族の関係調整は難しく、最終的には介護のトラブルに詳しい弁護士に相談することになる。こういった数々の経験の中で、筆者はクレーマーへの対応の見直しを考えるようになっていった。

（3）共感する事と「NO」と言う事——クレーマー対策①

社会的ルールを守れない激しいクレームをする利用者への対応の第一の原則として、共感し話をじっくり聞くことが挙げられる。共感しながらクレームの内容の事実確認をしっかりし、メモなどを取り、話す言葉を繰り返しながら確認する。ただ共感的な対応は原則だが、注意しなければならないのがルールを度外視した要求に対してはできる事とできない事を峻別してしっかり伝えることを、必ず行うことである。

もちろん伝え方や配慮は必要となる。伝え方を間違えてしまうと、感情を害して再度の激しいクレームにつながってしまう。話をじっくり聞き共感しながらも、対応が難しいことは「難しい」と明確に伝える。最もしてはいけないことは「できないこと」を「できる」と答えてしまうことである。付言すると、「できるかもしれない」「やってみる」と答える事も、この場合はしてはいけない回答例である。これらのような発言を聞くと、相手は、ほぼ間違いなく「では、できるのだな」と思う（思い込んでしまう）からである。

その場ではクレームの「嵐」は収まるかもしれないが、制度を度外視したケアに陥ってしまい、激しいクレームがある度に何でも受け入れてしまう御用聞きになり、ケアプランに無い内容を言われるままに行ってしまう恐れがある。

このような場合は、できない事を端的に手短かに伝え、その上で代案を考え提案する必要がある。代案はすぐに見つけ出すことは難しく、事業所に持ち帰り相談し、場合によっては行政、地域包括支援センター、利用しているサービス事業者などとカンファレンスなどを開き、解決策を見出すことが必要となる。

（4）冷静さを忘れない――クレーマー対策②

クレーマーに対して、意図的に落ち着いたテンポでゆっくり話すと効果がある。矢継ぎ早に多くの事を要求してくる利用者に対しては、より効果がある。いつの間にか、こちらの会話の調子に合わすかのように、怒りが収まり次第に落ち着いてくるのである。対応している自身も冷静に対応ができやすくなるのも、効果の一つといえる。長時間言われ続けていると、自分にも責任があり自分が何とかしなくてはと勘違いしてしまいがちになるが、この勘違いの予防にもなる。

また、このようなクレーマーによる要求は、原則的に対応が通用しない場合が多く、相談時間を何時までと決めて相談を受けることも必要なケースもある。

以上、様々な対応方法を紹介したが、実際の現場ではうまくいかないケースの方が多い。残念な事だが困難な事例を受けない事業所も出てきている。確かに対応は困難で精神的な負担も重く、受けていくことが大変な労力がいるので、断ることも止むを得ないと思われる。無理な継続は禁物だが、ケースを受けて対応をしていく中で自身の勉強や成長につながることは多い。

4　人間力が求められる仕事

(1) 介護は人間相手の仕事

前述したが、介護職の仕事は誰でもできそうだが簡単に継続できるものではない。人間の生活を支援することとは、ただ家事や介護の支援をするだけでなく、体・心・社会環境面などのあらゆる面を幅広い角度から分析し、さらに個々のライフスタイルに合わせた支援をしなければならないからである。

では、どのような人ならば、このような支援はできるだろうか。これは筆者の個人的な意見だが、人の気持ちを理解する努力ができ、人生経験豊かなバランスの取れた人間力のある人だと思われる。人間力は抽象的で適切な表現でないかもしれないが、このような人が介護の仕事に携わっていると、質の高い介護を行う能力が自然と身に付いてきているように思われるのである。介護の経験が長いから得られるものではなく、その人が人生の中で培ってきたものや持っている性格的な資質が大切になると思われる。

(2) 人間性を見極める能力が肝心

繰り返すが、介護職員にとって経験・資格の有無というのは実はそれ程関係なく、一番大切なのは人柄である。いくら経験があっても間違った教育を受けてきた介護職員は、利用者の尊厳を守った介護ができない。どうしても自身の好き嫌いで判断をしてしまい、友達感覚で対応をするベテラン職員は多い。全く経験がない職員でも入職し初任者研修を受けて資格を取り、事業所で勉強しながら取り組めばよいケアができる。人間力が高い介護職員は、そこから伸びて年々力を発揮していく。

尊厳を尊重した自立支援ができる介護を行うには、様々な経験やその利用者の個別に合わせた方法や知識が必要になる。それができるようになるには、単なる知識を覚えるだけでなく、人としての様々な経験や幅広い勉強が必要なのだ。

自身の人間関係の中の学びもその一つとなる。そういった職員は精神的にも健康で介護の業界ではいきいき仕事を続けていると感じる。筆者自身も、まだまだ人間力を付けるために勉強中で利用者から日々学んでいる。

（塩川隆史）

参考文献

黒澤貞夫（二〇一六）『介護は人間修行――一生かける価値ある仕事』日本医療企画。

第12章　外国人介護士の受け入れ環境の整備と国試対策
——施設職員を「協力者」にするためのノウハウ

1　なぜ外国人介護士を受け入れることになったのか

(1) 外国人介護士受け入れまでの歩み

筆者らが所属する社会福祉法人福寿園は、「愛と感謝と奉仕」の経営理念の下に、一九八〇年に愛知県田原市に設立された法人である。そんな福寿園が、なぜ外国人介護士を受け入れることになったのか。約一〇年前、人材の確保が少しずつ難しくなってきたと感じるようになってきた時代背景の中で、将来の人口統計のデータや二〇二五年問題に代表される介護人材の需要ギャップを見据え、このままでは将来にわたって安定した事業ができるのかという不安が生じた。そのため、テストケースとして始まったばかりのＥＰＡ（経済連携協定）でのフィリピン人介護福祉士候補者の受け入れをしていくこととなった。

受け入れた特養が所在する豊田市は、産業が盛んな土地柄であり、特に介護人材の確保は困難を極めていたことと、たまたま受け入れ施設に配偶者ビザで働くフィリピン人介護士がおり、彼女の協力があれば何とかなるのではないかとの安易な気持ちで受け入れを開始した。当然受入れのノウハウがあるわけではなく、手探りの状態の中でトライアンドエラーを繰り返しながら、悪戦苦闘したことで法人内に受け入れのノウハウを蓄積していき、今のグローバル人財課の設置に至ることとなった。振り返れば、そういった経緯で最初の外国人介護士の受け入れは開始したが、今では、外国人介護士の受け入れはしっかりとした目的をもって事業として確立している。

(2) 外国人介護士受け入れの目的

一つ目の目的は、なんといっても（将来の）人材不足への対応である。「ＥＰＡ」「介護」「技能実習」「特定技能」「留学」の五つの受け入れルートが確立されたが、これを制度の目的としているのは直近で制度化された「特定技能」ルートだけであり、ＥＰＡも技能実習も人材確保が目的ではないとよく言われたものである。今後は人口減少、特に労働生産人口の減少は勢いを増し、人気産業とは言えない介護業界にあっては人材不足は明らかである。今からでも、事業を継続させるためにも早急に対策（手）を打つ必要がある。その有効策の一つが外国人介護士の活用である。

二つ目の目的は介護の質の確保である。当法人で受け入れている外国人介護士は、間違いなく介護の質を維持・向上させてくれている。確かに当初は不安や心配もあったが、利用者対応、介護技術、コミュニケーションなど日本人の昨今の学卒者の平均能力と比べても何ら問題ない。むしろ利用者からは、なかなかコミュニケーションの苦手な最近の若い子よりも、いつも明るく挨拶してくれる外国人介護士の方が評判がよいのだ。もちろん、それは彼女たちの国民性や努力によるものも大きいが、もともと日本に来る外国人はエリートで志も高いのである。だから今では自信をもって、彼女たちを受け入れることによって、介護の質も維持・向上すると断言している。

三つ目の目的は、職場の活性化である。外国人特有の明るさ、真面目さ、ホスピタリティの心は、一緒に働く日本人スタッフにとても良い影響をもたらしている。「職場が明るくなった」「教える日本人職員側の教育にも役立った」との声が多く聞かれている。そして何より、多文化共生の理解と意識が醸成されている。ダイバーシティ（多様性）が叫ばれる社会背景にあって、今後も職員そして組織の大きな成長につながることが期待される。

四つ目の目的が、非常に大げさな表現かもしれないが、国際貢献である。日本の高齢化がピークを迎えた後、アジア各国は日本以上の超高齢化を迎える。その時に、日本で先進的な介護を習得した彼女たちが母国に帰り、今度は自分の国のために、その習得した介護を役立てる、それこそが国際貢献ではないかと考えている。その際には、日本で高齢化を支えてくれた恩返しに、ハード面（例えば利用者の方にとって快適な空間づくりや職員の就労しやすい環境を整えるといった施設の造りに関する助言など）

やソフト面の両面からできることがあれば支援していきたい。

2　外国人介護士を受け入れるポイント
――日本語能力向上・介護技術の習得・受け入れ環境の整備・国家試験対策

（1）当法人における外国人介護士の現況

当法人においてこれまで受け入れをした外国人介護士は一七八人にのぼる（二〇二二年四月三〇日現在一九三人）。現在は一三二人が在籍しており、「ＥＰＡ」「介護」「技能実習」「特定技能」「留学」のルートによる受け入れを経験した（図12－1）。在留資格別でいうとＥＰＡ（特定活動）五〇人、介護四四人（ＥＰＡから在留資格変更をした者含む）、技能実習介護一一人、特定技能介護二人をフィリピン・ベトナム・インドネシアから受け入れている。また介護福祉士専門学校・日本語学校における留学生二五人の受け入れも行っており、日々学習とアルバイトの支援をしている。

今日に至るまで就労していた外国人介護士六一人が帰国または退職をしている。帰国・退職した理由で最も多いのは介護福祉士国家試験の不合格である。その次に候補生同士または施設とのコミュニケーション不足に伴うトラブル、母国にいる家族の介護や看護、他法人への異動、腰痛や健康不安（日本語習得困難含む）、結婚・妊娠などと続く（図12－2）。一見、腰痛・健康不安と日本語習得困難は

図12－1　在留資格別在籍者

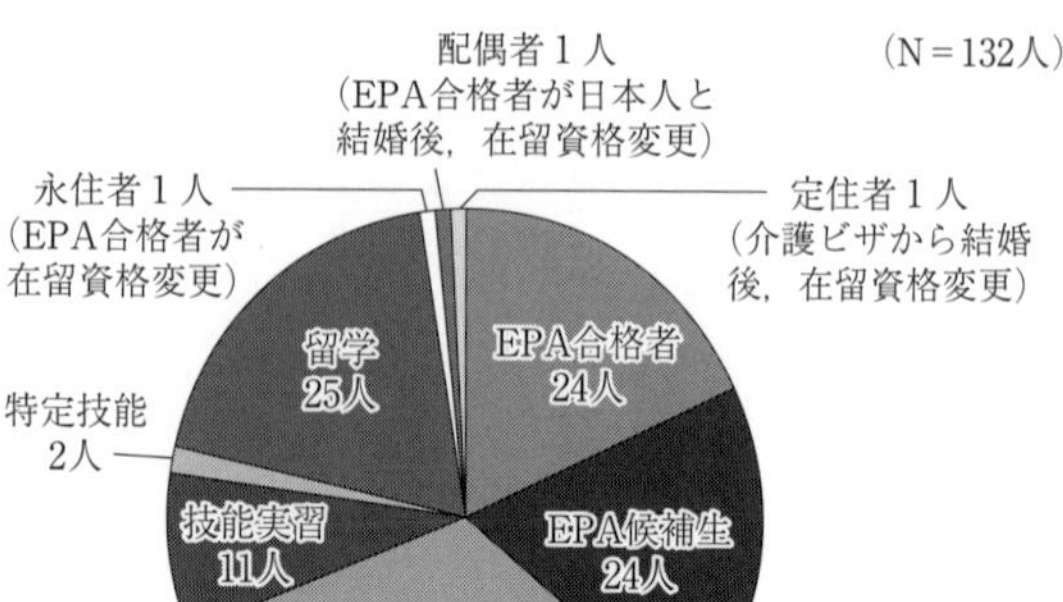

出所：社会福祉法人福寿園資料を基に作成。

関係ないように思われる。しかし、表向きの理由は健康不安や家族が帰ってくるように言っているとのことだが、実際に通院しても特段の異常が見られず、何度も面接を重ねる中で、仕事をしながら日本語をこれ以上勉強したくないという気持ちが垣間見えてくる。また、国家試験の受験すらしていない三年未満の就労者が外国人介護士受け入れ当初の数年間はとても多くみられた。その数はこの帰国者・退職者数の三分の一を占めている。それは私たち法人側の受入環境が未熟であったことが原因であることは否めない。

　それぞれのビザにおいて介護の仕事をするのは同じだが、制度が異なるため目的や目標が違う。ＥＰＡ制度における介護福祉士候補者の受け入れでは三年の実務経験を積んだ後に介護福祉士国家試験に合格することが求められる。一年間の滞在延長制度で日本にいながら二度の国家試験を受けることができるが、合格できなければ在留カードの更新はできず母国へ帰国しなければならない。

図12－2　帰国・退職理由

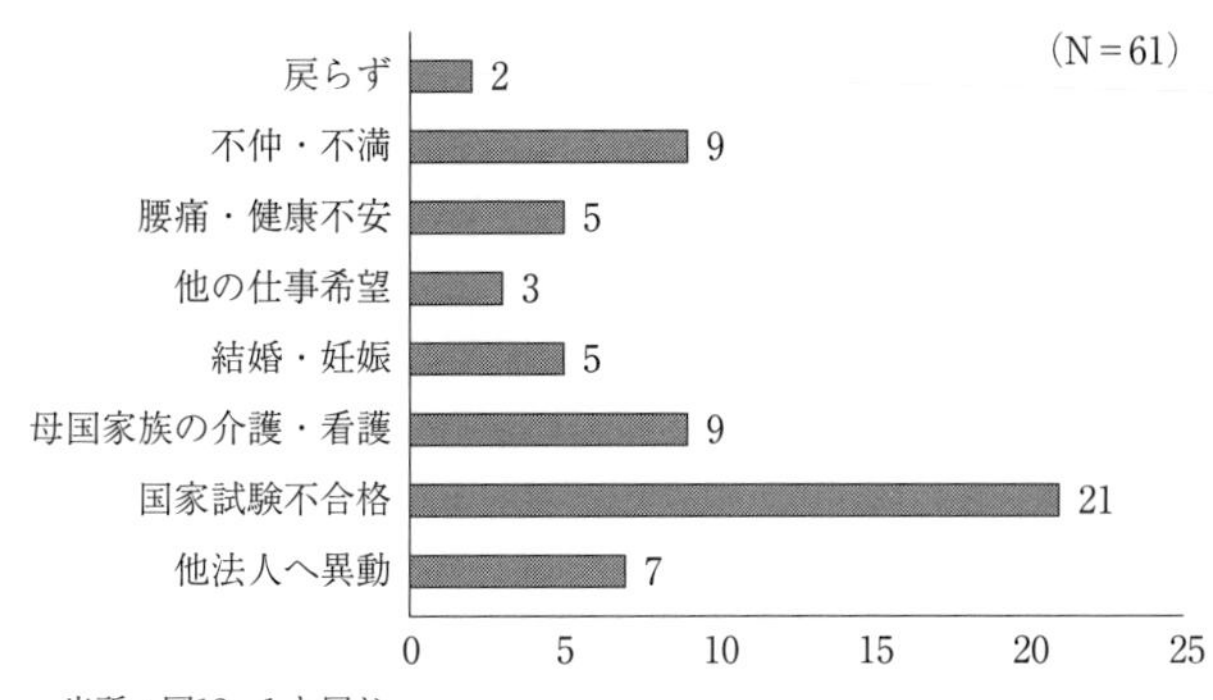

出所：図12－1と同じ。

図12－3　帰国者・退職者国家試験合否人数（N＝61）

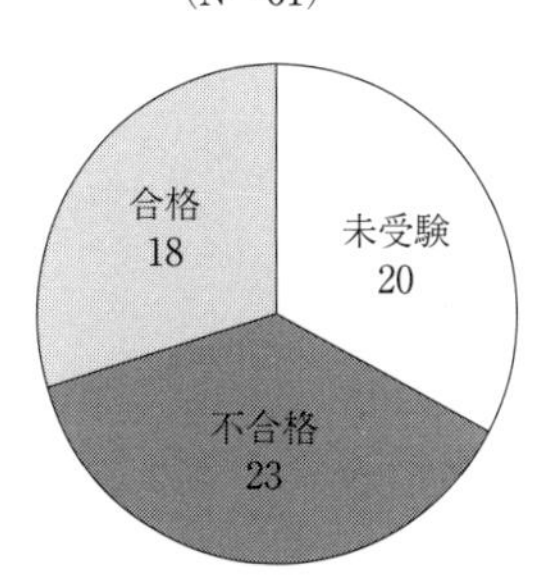

出所：図12－1と同じ。

特定技能制度ができたことにより、一定の条件をクリアすれば在留資格の変更によって就労は継続できるが、それでもビザの更新や当初の目的とは異なる将来設計となる。介護を受ける利用者やその家族、また共に働く職員にとって外国人介護士は一人の介護士であり、職場の仲間である。日本に来て他に頼る人がいない中で、当法人では外国人介護士に対して家族のように考えることをモットーとしており、現場における介護の質を維持するためには単なる労働力としてみるのではなく、大切な人材としての育成が求められる。

(2) 日本語能力の向上には

そこで最初に求められるのは日本語能力である。介護の仕事では、利用者と日々言葉を交わし、また様々な職種の職員と連携を図って介護を行う。朝礼から部署ごとのミーティング、シフトに伴う申し送りまで多くは口頭で伝えられ、また日誌や申し送りノートにて引き継ぎ事項を確認しなければならない。福祉の業界でもＩＴ化は進められているが、当法人ではまだ途中にあり、外国人介護士がノートに記すことも必要になる。コミュニケーションをとるには日本語能力がなければ、自分の言いたいことを言う、相手に言われていることを理解することは難しい。また、申し送りをノートに記すことも、わかりやすく書くことや大事なことをまとめて書くには相当な日本語能力がなければできない。ちょっとしたニュアンスの違いで勘違いして、「はい、わかりました」「大丈夫です！」と、とてもよい返事とともに理解できた振りをして、指示とは異なる業務を行っていることもある。

外国人介護士たちに聞くと、基礎的な日本語能力はもちろんのこと、各地域の方言の聞き取りや使い方が難しいと言う。利用者である高齢者との会話で何度も聞き直し、わかりやすく言い直してもらうこともあるという。だが時に、そういったことを繰り返すことが多いと、利用者から「もう、いい」と怒鳴られ、シッシと手で払われることもあるといい、日本語能力が不足しているがゆえに外国人介護士は悲しい思いもしている。しかし多くの利用者は、日本人職員にも外国人職員にも「ありがとう」と声をかけてくれるのでそれが誰にとっても励みになっていることには間違いない。

日本語能力を向上させるには、もちろん自己学習による勉強も大事だが、何より一緒に働く日本人職員の関わり方で日本語の習得度合いは大きく変わってくる。法人内においても上手に関わりを持って発話を促したことで、日本語能力が急激に伸びた外国人介護士もいれば、配属当初は一・二を争うくらいの日本語能力だったのに、あっという間に話せなくなってしまった者もいる。

受け入れ施設の環境で育成の土壌は大きく変わる。日本人職員との会話において文法や言葉の使い方が間違っていればその場で訂正をしてもらい、その場で復唱すること。また就労中の母国語の使用を禁じ、日本語を使うことを意識すれば、日本語の上達はとても早くなると感じている。そして、日本人職員は自分たちが使っている日本語を意識することが重要で、そのポイントを理解すればスムーズなコミュニケーションと同時に外国人介護士の日本語習得に一役買うことを知っておく必要がある。毎日、多くの外国人介護士との関わりをもった中で、ポイントだと思うことを次項で紹介する。

(3) スムーズなコミュニケーションのために

① 主語を意識して伝える

私たちは、日々の生活の中で主語を省略して話すことが多い。しかし、ＳＶＯ（主語→述語→目的語）を主体とする言語圏に住む外国人介護士にとって動作主が抜けていると誰が行うのかわからず、「お風呂行くねー」と声をかけられた時に「あなたが」入浴介助に入るのか、「私も」一緒に行くべきなのか、状況の判断が難しい。そのため日本語能力にかかわらず、誰が何をする、そしてあなたは何をする、という具体的な指示がコミュニケーションをとる上で必要となる。

②　来日後間もない頃は「です」「ます」調で伝える

日本語習得の段階において、いわゆるN5・N4を母国にて学習する場合に、多くの日本語学校や研修センターでは、文末は「です」「ます」で学習をしている。言い切りの形（「～だ」「～である」（で・ある調））や方言を用いて伝えてもその言葉の意味が理解できず、文章全体がわからなくなってしまうことがある。日本語能力がそれほど上達していない時は、「です」「ます」調でコミュニケーションをとると外国人介護士は理解しやすくなる。

③　「それ」「あれ」といった指示代名詞は使わない

机の上にノートやペン、コップが置いてあり「それ取ってー」と、日本人職員が外国人介護士に声をかける。日本人同士でも「これのこと？」「何のこと？」となってしまうのだが、日本人は「それ」「あれ」「そこ」といった指示代名詞を使いがちである。前後の文脈が理解できるぐらいの日本語能力があればよいが、具体的な名詞を用いて「机の上にあるノートをとって下さい」と伝える方が、互いにストレスなくコミュニケーションをとりやすくなる。

④　カタカナ英語は使わない

当法人にはフィリピンとベトナム出身の外国人介護士が在籍しており、フィリピン出身の職員は英語で伝わるので、学習や指導の際に便利だという認識がある。しかし、和製のカタカナ英語となると発音が全く異なるため理解が難しく、日本語の方がわかることも多い。そのため、「テキストを開いて下さい」ではなく、「本を開いて下さい」と言うことを意識している。

⑤　オノマトペは避ける

日本語には擬音語・擬態語があり、知らず知らずに使っていることが多い。しかし、外国人介護士には、何のことを言っているのか、さっぱりわかっていない。それでもうんうんと頷いている。台風の日に外国人介護士に対して「風がゴーゴー言ってる。家まで気を付けて帰ってね」と声をかけると、「そうですね～。気を付けます」と返事をする。「今の日本語わかった?」と聞くと、「台風だから気を付けて帰ります」と答える。「ゴーゴー」の意味がわかっていないのだ。

また、日本語や介護の授業を始める際に号令をかけるのだが、「起立！　はい、ピッと立って」……。「ピッと立つ」がわからないけど立っている外国人介護士を見て筆者（山本）は苦笑い。ついついオノマトペを無意識に使ってしまう。日本語独特の表現であることを自覚する必要がある。

⑥　文末までしっかり言う――文の途中でフェードアウトしない

主語を意識して使うことと同時に単語で終わらせず、何をするかまで伝えることが大事である。例えば、外国人介護士が就労現場で「マリアさん、Aさん車いすね～」と依頼されたとする。周りの状況から行事があるため、Aさんの車いすを持ってきて移乗し、ホールまで車いすを押して利用者を連れて行ってほしいという指示だと大体の日本人は思う状況で、マリアさんは車いすを持ってきたものの、キッチンに行って皿洗いを始めたということがあった。

車いすを持ってくることまで理解できたのだからすごいなと思ったのだが、マリアさんに対して指示した介護職員は、なぜ言ったことをやれないのかと、とても腹を立てていた。介護職員自身は的確な指示をしたと思っているため、乖離が生じている例である。

日本語は前後の文脈から意図を汲み、いわゆる「行間」を読む力が必要な言語である。しかし、幼少期からそのような訓練をしていない外国人介護士にとっては、「『行間』を読んで、そしてわかって」と言われてもわかるはずはないので、主語に加えて動作を表す述語までを省略せずに相手に伝える必要がある。

⑦　婉曲した表現は不要――ストレートに伝える

日本人は、ストレートに物事を伝えるのが苦手であり下手である。それは相手を傷つけまいとし、自分を擁護したい気持ちが出るからである。しかし、前述のように発せられた日本語をそのまま受け取る外国人介護士には遠回しな表現は不要で、伝えたいことをそのまま伝えることが大切である。例えば、日本人の同僚Aさんが熱を出してしまい、急な勤務変更が必要な時に介護主任が外国人介護士に対して連絡をしたとする。その時に、次のような会話が展開されるのではないだろうか。

介護主任：「明日は何か予定がある？」
外国人介護士：「明日は休みです」
介護主任：「Aさんが明日も出勤できるかわからないんだけど、予定があるかな？」
外国人介護士：「買い物に行きます」
介護主任：「そうか。わかりました」

この会話において、外国人介護士は自分に何を要求されているのか全く理解ができていない。介護主任は「代わりの職員がいない時に買い物ってどういうこと？」と怒りの感情を抱くだろうし、外国人介護士からすれば、ストレートに「シフトが代われるか？」と聞かれれば、「早番であればいい」とか「遅番であればいい」とか答えるなど、交渉の余地はあったはずである。

こういったケースから互いの感情があらぬ方向へ行き、人間関係上のトラブルが生じることもある。日本人はストレートに言葉を伝えると、相手に不快な気持ちをさせるのではないか、怒らせるのではないかとびくびくして、最も言いたいこと・言うべきことを言わない傾向がある。結局、自分が怒ってしまうぐらいなら遠回し表現ではなく、常にストレートに伝えることが大切である。自分が外国人

表12－1　コミュニケーションをとるときの日本語チェック表

【会話の注意点】	○・×
1．主語を意識して話しているか	
2．「です」「ます」調で話しているか	
3．「それ」「あれ」といった指示代名詞を使っていないか	
4．カタカナ英語は使っていないか	
5．オノマトペを使っていないか	
6．文末まできちんと言えているか	
7．ストレートに伝えているか	

出所：山本久恵作成。

介護士に対してどのような表現を使って会話をしているか、チェック表（表12－1）で確認をしてみてほしい。

(4) 介護技術の習得

介護技術を指導するために、当法人では一人で介助・介護をしても大丈夫なレベルに達したかどうかを、OJTシートを使って確認するなどして、上司が指導している。そして、認知症の理解、移乗・移動の理解などを進めるため、毎月様々な研修が行われている。

EPA候補生の場合、多くは国際厚生事業団（JICWELS）を通じて現地で半年、日本で半年日本語や介護に関する専門用語、介護技術について導入研修をしてくれる。介護ビザの外国人介護士は二年間、様々な施設での実習を行い専門学校にて介護福祉士資格取得のための知識や技術を身に付ける。技能実習生は入国後講習にて介護の学習を行うことになっており、それぞれ技術を習得する機会が与えられる。

というように、それぞれのビザにおいて、配属時における介護技術の習得は異なっている。短時間で覚えることはできない上に実際に現場で使う備品も研修時とは異なるため、実践の中で覚えていくことがほとんどである。フィリピンからの外国人介護士は、ほとんどが看護師やNC－Ⅱという介護課程修了の資格を持って来日する一方で、ベトナムからの外国人介護士は看護師か看護大学を卒業している者だけではなく知識のない者もいるため、本人たちのレベルに合わせて一つひとつ指導していくことが求められる。

介護技術といっても、移乗介助や食事介助、入浴介助、排せつ介助など多岐にわたる。そして実際に手を触れる介助だけでなく、声掛けや家族への対応なども大事な技術となる。外国人介護士に介護の仕事で一番大変なことは何かと聞くと、多くの介護士は「家族への対応」「記録の記入」を挙げる。しかし、当法人にいる外国人介護士たちは利用者とのコミュニケーションはのびのびやっているようで、利用者から「対応がとても丁寧」「ゆっくり話を聞いてくれる」とお褒めの言葉をいただくことも多い。また利用者から日本のことわざを教わり、漢字を指導してもらう介護士もいて、よい信頼関係ができているのだと感じる。

(5) 受け入れ環境の整備

来日した外国人介護士に日本の文化やマナー・ルールを教えていく教育とともに受け入れ側の環境

を整えることも大切である。日本で生活をするのでアパートの準備や自転車の用意、また配属される施設の職員教育も行う必要がある。配属されて間もない頃は一緒に自転車に乗って最寄りのスーパーや医療機関を案内することもある。自転車に乗れる場合はよいが、乗れない人たちのために自転車の練習も手伝っている。

これだけ日本に外国人就労者が増えているにもかかわらず、地域における外国人へのまなざしは厳しい。特にアパートを借りることに際し、法人がアパートの一室を借り上げる場合でも、住人が外国人では貸せないとか外国人に貸すアパートはないとか心無い言葉をぶつけてくるアパート賃貸の会社もある。ゴミ出しをきちんとしていても、ゴミの出し方に問題があれば外国人のせいにされたり、数人で自転車通勤をしているとまだまだ奇異な目で見られたり、何もしていないのに怯えられたりする。地域でもこれだけ「異様」に扱われるのだから、同じ職場で働く日本人も少なからず最初は抵抗があると感じている。しかし、実際に外国人介護士たちと関わってみると「明るい」「まじめ」など、高い評価を受けることが多い。今となっては受け入れを続けることで職場の理解が進んできたといえる。ここに至るまでには日本人職員の意識の啓蒙、そしてなぜ外国人介護士を受け入れる必要があるのか、彼ら彼女らはなぜ日本で就労しているのかについて広く知ってもらうことが重要となる。

当法人では「百聞は一見に如かず」をモットーとし、彼らが暮らしている国について理解を進めるために、年に一回法人内の職員を募って海外研修に派遣している。今は主にフィリピンやベトナムがその行先となっており、気候や食べ物、その国の歴史・文化などにも触れることができる企画を立案し学ぶ機会を設けている。海外研修前には何のお土産を買ってくるとよいとか、現地でおいしい食べ物などを教えてもらったりといった会話が繰り広げられるなど、コミュニケーションのチャンスが増えている。実際に現地へ行くと育った環境や文化等がより身近に感じられ、彼ら彼女らへの思いも一段と強くなるようである。

これからは外国人介護士とともに働く時代である。彼らのことを理解し、また理解しようという気持ちがなければ介護の現場は成り立たない。なにせチームで動く職場である。職員一人ひとりの外国人介護士受け入れの理解は必要不可欠なものとなっている。

(6) 国家試験対策

① 介護福祉士国家試験の受験初年度

外国人介護士の受け入れを始めて、一〇年以上が経った。前述の通り、帰国した多くの介護士は国家試験に不合格となり、もっと日本で就労したくてもできなかった介護士がほとんどである。外国人介護士としては、まだまだ日本で働きたいと思っている。受け入れ施設としては、三年以上の月日をかけて育成し、かけがえのない戦力となった介護士を失うことはとても大きな損失である。にもかかわらず帰国しなければならないことは互いにとって悲しく感じられる状況であった。現在では条件が整えば特定技能への移行が可能となるが、以前はその状況を回避するためには介護福祉士の国家試験に合格するより他に方法がなかった。

当法人におけるそれまでの合格率は、ＥＰＡ合格率の全国平均を大幅に下回り一〇～一五％程度であった。学習時間を確保し、受験対策講座を行ってはいたが、中々その効果は出ずにいた。受験初年度はフィリピン人介護士が一〇人受験して一人合格……。現場を抜けて勉強をさせてもらったＥＰＡ候補生は申し訳ない気持ちになってしまい、現場から送り出した介護職員たちはがっくりしていた。歯車がかみ合わず、施設では合格がとても無理なＥＰＡ候補生に対して、「勉強はそこそこで後は在留期間まで目一杯仕事してくれたらいいよ」と言う施設職員まで現れて……。確かに、この結果ではそう言われても仕方ないのかとうつむいてしまう。でも、きっと合格者が出れば施設の職員みんなの意識は変わるはずと耐えて学習を進めた。

② 介護福祉士国家試験二年目以降の挑戦

受験二年目もフィリピン人介護士九人受験して一人合格……。二年目になって、日本とフィリピンにおける試験勉強の仕方や宿題・課題への取り組み方が、大きく異なることを初めて知った。日本では小学校就学後から毎日のように宿題を出され、翌日に提出する。そして、テスト前にはテスト週間という勉強の時間が与えられ、課題をこなしながら頭に内容を叩きこんでいく。その一方、フィリピンではほとんど毎日の宿題はなく、学習は学校で完結させる。試験は何日も前からではなく、一夜漬けで暗記する学習を行う。

しかし、国家試験は一夜漬けではどうにもならないため、ステップアップで国家試験に臨むスタイルを始めた。とにかく自己学習を身に付けることを目標として、一年目にN3取得を目指した日本語学習、二年目にN2取得を目指した日本語学習＋体験型学習、そして三年目に国家試験の対策を行う学習プログラムをつくった。

試行錯誤の日々であった（現在もだが……）。他人を国家試験に合格させるのは本当に難しい。まして、日本語で作られ、日本語で解かなければならない介護福祉士国家試験。EPA候補生が受験する際には、振り仮名をふってくれるようになったり、病名を英語表記にしたり、試験時間が一・五倍であったり等々、年々外国人介護士のための配慮はしてくれるようになってきているのだが、それでもハードルは高いことに変わりはない。

③　介護福祉士国家試験合格のために

外国人介護士にとっても就労施設にとっても、何より介護福祉士国家試験に合格するという目標に向けてのモチベーションは就労との両立の中で、時にモチベーションが下がってしまうこともある。「合格したい！」という気持ちを維持するためには、職員の協力は不可欠である。

日本人は人が頑張っていると応援しようという気持ちになりがちなので、この点を踏まえ勉強をしている姿を日本人に見せるように外国人介護士に話をしている。例えば早番後、スタッフルームで勉強して帰る、休みの日でも施設に来て勉強をするなど、といった行動をとるように求めたのである。また、日本人職員に対してとにかく感謝の意を伝えるようにも指導している。勉強の時間をもらう時や勉強が終わって帰る時に事務所の職員やチームの職員に「勉強の時間をいただいて、ありがとうございました」と声を掛けるよう指導している。そうしたやり取りが続くと、自然と自分のチームの職員から「時間だよ。勉強に行かなくていいの?」と声をかけてくれるようになる。互いの思いやりの気持ちが大事なのである。

3　受け入れから学んだこと・そしてこれから

外国人の受け入れは簡単なことではない。言葉、教育、文化、食事、価値観などすべて異なる中で一から教えるのは、日本人の学生に教えるより労力がかかるのは当然のことである。だから受け入れには相当な覚悟が必要であるしノウハウも必要である。間違っても、単純労働という考えで重労働だけを押し付けるようなことはあってはならない。むしろ外国からわざわざ日本の超高齢社会という大課題を助けに来てくれた「お客さん」として親切に応対し、同じ職員として仲間として受け入れてほしい。

彼ら・彼女らが介護に、そして日本に魅力を感じなくなれば、誰も日本に来てくれず、業界の首を自ら絞めることになりかねない。アジアの人たちにとって行くべき外国はたくさんある。わざわざ難しい日本語を学んでまで日本に来てくれるだろうか。対等以上の処遇でもって歓迎の態度での受け入れは、国際競争を勝ち抜いてくためには必須のアイテムである。

4　外国人の受け入れにおける今後の課題

以前は、ＥＰＡ介護福祉士候補生が介護福祉士国家試験に合格できず帰国を余儀なくされることが重大な課題であったので、主にＥＰＡ候補生に向けた国家試験合格に焦点を合わせてサポート体制を作ってきた。しかしながら、現在はＥＰＡの在留資格者のうち半数以上（四八人中二四人が合格者）が合格者という中で、合格した後の離職をどのように減らすのかが、課題になりつつある。そして夫や家族を呼びたいという者もいる。

合格した後で目標を失い、東京で生活してみたい、通訳など違う仕事をやってみたい……と、様々な気持ちの揺れが生じる。彼女たちの新たな挑戦の気持ちは受け入れてあげたい。でも、「合格しました。ビザを変更しました。さようなら」というのでは、せっかく合格までサポートをしたのにと、気持ちよく送り出すことは難しいのが正直な気持ちである。もちろん、法人の中で次の目標やステージを用意できることが一番で、合格後も共に就労できればと思う。施設とのコミュニケーションを欠かさずに外国人介護士たちの声を聞き逃さない必要がある。家族を呼ぶ場合でも子どもの学校・教育はどうするのか？　夫の日本語レベルから仕事はどうするのか？　など支援をしていく必要がある。そして、外国人介護士をサポートする担当者の育成と外国人介護士を受け入れる施設の土壌づくりも引き続きの課題である。これから介護現場がグローバル化していくのは時代の流れである。それは職員だけでなく、利用者についても同様である。人材育成は時が経てば終わりというわけにはいかないので、長く外国人介護士に関わる職員を育てていきたいと思う。

（古田周作・山本久恵）

参考文献

結城康博（二〇一九）『介護職がいなくなる――ケアの現場で何が起きているのか』岩波書店。

終　章　介護職員へのケアが人材確保の第一歩
――重視される中間管理職の役割

1　介護人材不足対策は中間管理職次第

繰り返すが、介護人材の「確保」「定着」のためには、受け入れる側の事業所の体制がしっかりしているか否かがカギである。これは外国人介護士の受け入れでも同じことで、外国人だから「日本で働いてくれるだろう」といった安易な考えは、失敗を招く大きな種となる。

その意味では、介護事業所内を魅力のある職場にしていくことが重要であり、その対策を以下のようにまとめることができる。

(1)　ＯＪＴの普遍化

新卒や介護未経験者を受け入れるために、事業所内の職員全体のＯＪＴを確立して普遍化させておく必要がある。例えば、介護技術、認知症ケア、医療的ケアなど、誰が担っても統一された手法で新人らに教えていく環境は求められる。

そうでないと、介護職員Aが教えた介護技術と、介護職員Bが伝授した介護手法が異なると、新人職員は自分の好む介護手法で仕事をしていくことになる。例えば、その新人職員は介護職員Aの技法を選択すると、介護職員Bは「私が教えた方法でなく、介護職員Aの派閥になった」と理解するかもしれない。特に、介護職員Aと介護職員Bの仲が悪いと、このような派閥問題に新人が巻き込まれて人間関係で悩むことになる。

(2) 世代間で「若い時代」の文化は異なる

三〇歳未満の若手職員の多くは、「自ら」聞くという文化が根づいていない。いわば「指示待ち」といった者も少なくない。四〇歳前後以降の世代は、就職氷河期といった時代に率先して仕事に励み、雇用情勢を乗り越えてきた。五〇歳以降の世代も「先輩の後姿を見て、仕事は覚えるもの」といった文化の中で、若い時代は仕事を覚えてきた。しかし、今の世代はこのような文化の中で生活している訳ではない。いわば、「言われたことをやる」といったことが常識化されている。

そのため、中間管理職は、一から一〇まで後輩に教えて、何か不安そうな顔をしていたら「忖度」して、どんどん声掛けしてフォローしていくことが求められる。「なぜ、聞いてこないのか？　何を考えているかわからない」といった管理職の声を聞くが、そのこと自体が、もはや現代の管理職としては不適格な人材の証左といってよい。

その意味では、四〇歳以降の中間管理職は、自分らの若い時代の経験はすべて忘れて、若い職員に対応していかなければならない。「今の若い職員は挨拶しない！」と愚痴を言う前に、自分から挨拶する姿勢が重要なのである。

(3) ほめて伸ばす

多くの四〇歳以降の中間管理職は、ほめて伸ばすことを知らない。ほめ方を知らないのであろう。しかし、多くの三〇歳以下の世代はほめながら注意もしていかなければ不安がる傾向にある。一つの指示や注意をするには、五つほめてから一つを注意するぐらいの意識が必要である。

そのためには、日頃から顔を合わせてほめ続けなければならない。「今日は、髪型がいいね」「日誌の文章がわかりやすい」「いつも清潔感があってすがすがしい」「笑顔が素敵で高齢者は喜んでいる」といった、些細な事でもほめていくことが重要である。多くのほめ慣れていない四〇歳以降の中間管理職は、「ほめ方に関する研修」を受けて、日頃から職員とのコミュニケーションを重要視していくことが求められるのである。

(4) 駄目な経営者・施設長は交代すべき

介護人材不足に悩む経営者・施設長の多くは、自身の人事マネジメントに問題があることに気づいていない。現場の人事管理、新人教育、リクルート活動は、介護長や事務長に任せて、自分は何もしない。ある施設長は全く高齢者の生活する居住スペースに行かず、単に事務所にいるだけという話も聞く。

経営者・施設長などは、常に現場の中間管理職と意見交換をして、現場サイドの状況を摑んで人材の確保・定着を心掛けなければならない。仮に、このような姿勢が難しいと考える経営者・施設長がいれば、退職した方が若い職員のためである。いわば介護人材不足の最大の要因は、「老害」の経営者・施設長が在職しているためであるといった単純な問題であることが多い。

なお、そのバロメーターとして、人材不足が深刻な介護現場で辞める職員がいたとしよう。その時に説得する経営者・施設長の言葉として、「今、あなたが辞めると、人材不足で要介護者が困るので、どうか高齢者のために退職しないで」といったフレーズを使うことがある。しかし、このフレーズこそが不適格な経営者・施設長と評価される証左であり、自分の人事マネジメント力の無さを棚に上げて利用者を人質にとる考えは、退職すべき経営者・施設長といえる所以である。

2　利用者マナー教育と介護人材不足

(1) 利用者によるハラスメント

たとえ予算確保できたとしても、筆者は介護人材が集まらなければ安定した介護サービスは提供できないと危惧している。

実際、筆者のゼミ生であった卒業生の介護職員からも、要介護者やその家族のセクハラやパワハラにより耐えられず辞めてしまったケースを数件聞いている。要介護者側の「支えられて当然」といった感覚を変えるために、それらの「モラル」「社会常識」などを啓発していかないと、介護人材不足は深刻化するばかりだ。介護は「支え手」と「支えられる側」の信頼関係で成り立っていることを忘れてはならない。

(2) 権利意識の強い要介護者

前述のように、このような要介護者もしくは家族からのセクハラ・パワハラ被害は、権利意識の強い要介護者に多く、理不尽な要求をしてくる。経験の浅い介護職員は、過度な要求なのか介護サービスで対応すべきと捉えられるニーズなのか困惑するかもしれない。しかも、要介護者の「パワハラ」

とも受け取れる過度な主張であっても、介護職員からすると相手は要介護者なので、「モンスター顧客」「モンスターペアレンツ」とは少し違った感覚を抱き、受け止めなければならないといった責務を感じている者も少なくないであろう。その意味では、過度な利用者ニーズが「パワハラ」なのか否かを、見分ける手段として、再度、ケアプランにおけるアセスメント理論を思い出してほしい。

基本的に生活ニーズには、「ノーマティブ（normative：規範的）ニーズ」と「フェルト（felt：体感的）ニーズ」に分類ができる。「ノーマティブニーズ」とは専門家から見たニーズであり、「フェルトニーズ」とは利用者が感じるニーズだ。そして、これら二つのニーズが調和され、「リアル（real：真の）ニーズ」が導き出される。通常、初期の支援段階ではこれら二つのニーズは一致しない。しかし、この二つは「身体的機能状況」「精神的心理状況」「社会的環境状況」を考慮しながら、徐々に調和されていく。その意味でも、専門家はこれらのニーズの一致点を探ることが重要である。

利用者が「リアルニーズ」を理解しないで、無理難題を要求し続けるならば「パワハラ」と理解し、サービスの停止も考えてよいのではないだろうか。

(3) 管理職が二次的加害者に

いずれにしろ、セクハラ・パワハラ問題は、管理者であるマネジメント機能が重要である。介護職員からセクハラなどの相談を受けたなら、管理者はすぐに対応しなければならない。例えば、担当を変えたり、管理者が加害者と話し合いをもつことも重要である。
また、「セクハラなどは、処遇困難ケースの一つとして『かわす』のも対人技術の一環である」といった認識は間違いであることを、事業所全体で確認しておく必要がある。パワハラ問題も含め担当者が独りで抱え込まず組織で対応する風潮を作ることが最重要である。そのことを無視する管理職は、二次的加害者として大きな責任問題となる。

しかし、認知症や精神疾患のケースにおいては、適切な判断ができない利用者がセクハラ・パワハラとも受け取れる行動をした場合、ケアマネジャーは悩むに違いない。このようなケースにおいては、医療機関もしくは保健センターなどとの連携が欠かせないであろう。いくら疾病による背景があっても、パワハラ・セクハラとも受け取れる行動であったとしても、介護職は被害を受けているには違いない。そのため、医療機関による治療を含めた支援を考えていくべきであろう。このような事案においても「医療・介護連携」が重要になってくると考える。

(4) 自治体の役割

そして、保険者である自治体も、今後は、介護保険サービスのユーザー教育を考えていくべきであろう。例えば、要介護申請の際には、必ず「マナー読本」などのパンフレットを配布して注意喚起するべきである。

また、介護予防教室や元気高齢者が集う場でも、介護現場における「セクハラ」「パワハラ」問題を取り上げ、利用者による過度な権利意識の弊害を訴える施策を講じるべきと考える。つまり、ケアマネジャーだけが抱え込むのではなく、地域全体で「セクハラ」「パワハラ」問題を共有化して対応すべきであろう。

3　全産業間での人材獲得競争

(1) 少子化との戦い

繰り返すが、筆者は現役の大学教授として学生の就職指導にもあたっているが、今はかなりの「売り手市場」だと実感している。確かに、二〇〇八年「リーマン・ショック」時と比べれば、日経平均株価もバブル期水準に戻り、企業の収益増による背景も一因としては否定できない。

しかし、現在の雇用情勢を測る尺度として、少子化による生産年齢人口の減少を見逃せない。実際、一五歳から六四歳までの生産年齢人口は、一九九〇年には約八六〇〇万人であったものの、二〇二一年一〇月時点で約七四五〇万人と一〇〇〇万人以上も減少している。[1] 今後、二〇二五年には生産年齢人口は約六六〇〇万人、二〇三〇年には約六〇〇〇万人と大きく下回っていくことが予想される。

なお、外国人労働者は二〇二一年一〇月末現在で約一七三万人である。[2] そのため、外国人労働者では労働力をまかなうには十分ではない。つまり、少子化といった人口データを加味していかなければ、人手不足問題は十分に理解できないのである。いわば少子化と相まって全産業で「人材獲得闘争」は、激化すると予想される。

(2) 介護職のイメージの悪さ

年に数回、筆者は高校生に「福祉の仕事の魅力」といったテーマで授業をしている。自ら高校へ出向く出張授業や大学オープンキャンパスにおいて、来学する高校生を対象に模擬授業を行うのだが、これは大学業務の中で重要となっている。少子化が進む中、全国の私立大学の教授及び准教授らは、このような授業への取り組みが勤務評価にも影響を及ぼしてきている。一昔前までは、大学教授の「評価」は優れた論文を仕上げることであったが、一部を除いて高校生に魅力ある授業ができるか否かで、大学教授の「評価」が決まる時代となっているのだ。なぜなら、全国の私立大学においては定員割れが珍しくなく、いかに高校生に魅力のある授業を組み立て、自ら勤務する大学に入学してくれるように活動できるかどうかが、大学教授の評価尺度の一つとなっているからである。

筆者は進路指導担当の高校教師や保護者の方々とも意見交換する機会が多々あり、「福祉や介護は、給与は安いのでしょうか？　実際、介護現場は重労働で働くのに大変なのでしょうね」といった質問が寄せられる。高校教師の進路担当者の中には、「あまり福祉及び介護系は高校生に勧められません。

むしろ、看護系は給与水準が高いので人気学部となっている。保護者の方も福祉や介護系に進むなら、看護系に進むのを望んでいるのが実態です」といった率直な意見を述べてくれる人もいる。

毎回、出張講義においては筆者の授業に参加してくれる高校生の人数は、隣接教室の経済学、法学部、理学部、看護学系の模擬授業クラスと比べてかなり少ないのが実情だ。

(3) 二〇三〇年過ぎには在宅介護は困難？

政府は、できるだけ「最期」を在宅で迎えられるような医療・介護施策を推進している。確かに、介護施設も増やしてはいるが、今後、多くの団塊世代が要介護状態となり看取りまで考えると、受け皿が準備できず在宅介護を基軸にして考えざるを得ない。

しかし、抜本的な施策の見直しがない限りこれらの施策は幻想にすぎなくなる。現在、厚生労働省の資料によれば、在宅ヘルパーの年齢構成は六〇歳以上が三八・五％となっている[3]。施設系介護職員の一五・九％に比べて、圧倒的にヘルパーの高齢化が指摘される。確かに、七〇歳までヘルパー業を続けられる者もいるが、少なくとも一〇年も経たない将来、ヘルパーの数は大幅に減少する。

実際、全国的に三〇～四〇代のヘルパーのなり手がなく後継者不足が深刻である。在宅ヘルパーの約六割は短時間勤務の主婦層に支えられており、これら主婦層のヘルパー労働市場への参画見通しは厳しい。なぜなら、都市部を中心にスーパーやコンビニなどにおいても人手不足が顕著となりつつあるからだ。実際、在宅ヘルパーよりも時給が三〇〇～四〇〇円程度低いだけであって、総じて考えればスーパーなどで勤務した方が収入は高くなるケースも考えられる。在宅ヘルパーは、職種ならではの負担や各高齢者宅の移動などを考えると、実働一日二～三時間程度しか働けないからである。

4　介護保険という競争原理の限界

(1) 市場（疑似的）と介護職

政府は、消費税引き上げに伴い、多少、介護職員の賃金アップ策を実施するが、非正規職員が多くを占める在宅ヘルパーにおいては、多少、時給が上がるにすぎず、他産業の時給を圧倒するほどの財源ではない。外国人介護職員においても、当分、介護施設系でしか認められない。もし、在宅介護を推進させるならば、介護保険制度創設以前のように、在宅ヘルパーを公務員のような公共サービスとし位置づけていくべきであり、市場経済によって人手を確保していくことを諦める時期に来ているのではないだろうか。

(2) 介護職の公務員化

実際、若い学生の公務員人気は高い。特に、人口減少の過疎地域において役場の職員への応募は少なくない。全国各地で若い世代が都市部へ出ていき、高齢者が取り残されるといった地方の問題が深刻化している。その意味では、訪問介護職員を中心に公務員もしくは準公務員として雇用の安定を図れば、安定志向を望む若者は介護職へのイメージが変わり、介護分野は他産業の労働市場とも勝負できると考える。

これは都市部においても同様であり、東京や大阪などは他産業の雇用の場が多く、若い労働者は介護以外の職業に魅力を感じ介護職に就かない。しかし、訪問介護職員が公務員もしくは準公務員化されていけば、中長期的に考えて雇用の安定という側面から問題解決に向かうのではないかと考える。

そもそも介護保険制度に基づく介護報酬によって介護事業者が利益を得て、それらを労働分配率として賃金を振り分ける市場経済（社会保険を媒介にしているため疑似的市場経済）の活用は、介護分野では条件付けで導入されるべきであった。

比較的介護報酬単価が高い施設事業やデイサービス（通所介護）、訪問看護などの介護事業は、経営次第では一定の事業を展開することはできるであろう。しかし、介護報酬単価の低い訪問介護事業は市場経済を活用して、介護職員の賃金を高めていくには限界がある。確かに、繰り返すが政府も一定の介護職員の処遇改善策を講じて賃金アップの向上に努めてはいるが、他産業の賃金も上がっていることから、その差は開くばかりだ。

（3）介護事業を公共財として捉える

前項でも提言したように、訪問介護事業を「公共財」として捉えて、それらで働く介護職員を公務員化することで、在宅介護サービス部門を介護報酬の仕組みから切り離すべきである。現在、介護給付費の総額は約一二兆円（利用者自己負担分を除く）であり、そのうちの訪問介護費用は約八〇〇〇億円弱となっている。

仮に、訪問介護事業を介護報酬から切り離して公共財と位置づければ、これら約八〇〇〇億円弱を訪問介護以外の介護事業の介護報酬に振り分けることで、それらの介護職員の賃金アップは相当なものになり、総じて介護職員不足の解決の方向性が見出せるであろう。

（4）新たな財源確保

では、訪問介護事業を「公共財」とした場合の新たな財源をどうするかである。この点について、筆者は、「公共事業の削減」「相続税などの資産税の増税」などを組み合わせていけばよいのではないかと考える。二〇二二年度約六兆円の公共事業費が予算化されている。確かに、メンテナンスが必要なインフラの再構築といった公共事業費は必要不可欠であろう。しかし、新たな公共事業は人口減少の日本社会において慎重に考えていくべきである。

また、相続税の引き上げを中心に資産税を増税することで、高齢者間の所得及び資産の再分配が実現できる。必ずしも「世代間扶養（若い世代が高齢者を支える）」ではなく、高齢者同士が支える「世代内扶養」の仕組みを社会保障制度に組み入れることができるのだ。

5 介護を「投資」と考える

今後、ますます介護職員の不足により介護サービスを十分に享受できなくなる要介護者が増えると予想される。これまでのような介護保険制度を基軸とした介護システムでは、少子化を見据えれば限界にきている。その意味では、新たな手法として訪問介護職員を公務員もしくは準公務員化することで、介護分野の再編を考えていくべきであろう。

いわば訪問介護員が公務員化されることで、例えば、過疎地などでは雇用の創出となり地域経済の活性にもつながり、結果的には「公共事業」と同じ効果が期待できる。

そして、超高齢化社会においては現役世代である親の「介護」といった観点から、介護サービスを安定化させることは、「介護離職」に歯止めがかかり、労働力の維持にもつながる。介護を「負担」から「社会投資」といった発想の転換によって、日本社会の安定・発展、そして経済政策といった発想に転換することで「介護」労働力の確保を図っていくべきである。

注

（1）総務省統計局「人口推計――二〇二二年（令和四年）三月報」二〇二二年一二月。

（2）厚生労働省「外国人雇用状況の届出状況まとめ（令和三年一〇月末現在）」二〇一九年一月二五日。

（3）社会保障審議会介護給付費分科会「参考資料二：介護人材確保対策」二〇二三年一月二八日。

（結城康博）

あとがき

介護は「人」に接する究極のサービス業である。確かに、辛いこともあるが、「やりがい」「自己実現」「達成感」「感謝される」といった、プラスの側面も豊富にある職業である。しかし、多くの介護現場では、これらの介護職員の素晴らしさを味わえない環境となっていることは否めない。その環境を改善するためには、これまで述べてきたように多角的な視野にたって対策を講じなければならない。

残された時間はわずかであり、早急に抜本的な社会制度の仕組み、介護現場における認識・理解を見直す必要がある。そのためには、社会全体が介護問題を他人事ではなく、身近な問題であると気づくことが必要である。是非とも、筆者も介護問題の社会啓発に、一層、尽力していきたい。

二〇二二年六月

執筆者を代表して
結城康博

ま　行

や・ら行

欧　文

た　行

な　行

は　行

索　引

著者紹介（執筆順，所属，執筆分担，＊は編者）

＊結城康博（編著者紹介参照：序章・第5章・終章）

吉田輝美（名古屋市立大学大学院人間文化研究科教授：第1章）

木島望美（社会福祉法人淑徳会職員：第2章）

市川正人（地域福祉ユニオン東京相談員：第3章）

早坂聡久（東洋大学ライフデザイン学部准教授：第4章）

米村美奈（淑徳大学総合福祉学部教授：第6章）

松山美紀（専門学校新国際福祉カレッジ介護福祉学科学科長：第7章）

関口慶太（今井関口法律事務所弁護士：第8章）

櫻川勝憲（特別養護老人ホーム中川園施設長：第9章）

園田希和子（社会福祉法人旭生会理事長・施設長，社会福祉士：第10章）

塩川隆史（有限会社ナイスケア代表取締役：第11章）

古田周作（社会福祉法人福寿園常務理事：第12章）

山本久恵（社会福祉法人福寿園法人本部グローバル人財課チーフマネジャー：第12章）

編著者紹介

結城康博（ゆうき・やすひろ）

1969年生まれ。1992年，淑徳大学社会福祉学部卒業。1999年，法政大学大学院社会科学研究科修士課程経済学専攻修了（経済学修士）。2004年，法政大学大学院社会科学研究科博士課程政治学専攻修了（政治学博士）。1994～2006年，東京都北区・新宿区で介護職・ケアマネジャー・地域包括支援センター職員として勤務。

現　在　淑徳大学総合福祉学部教授。

主　著　『日本の介護システム――政策決定過程と現場ニーズの分析』岩波書店，2011年。

『孤独死を防ぐ――支援の実際と政策の動向』（共編著）ミネルヴァ書房，2012年。

『孤独死のリアル』講談社，2014年。

『在宅介護――「自分で選ぶ」視点から』岩波書店，2015年。

『正義と福祉――競争と自由の限界』淑徳大学長谷川仏教文化研究所，2017年。

『突然はじまる！ 親の介護でパニックになる前に読む本』講談社，2018年。

『福祉は「性」とどう向き合うか――障害者・高齢者の恋愛・結婚』（共著）ミネルヴァ書房，2018年。

『介護職がいなくなる――ケアの現場で何が起きているのか』岩波書店，2019年。

『社会福祉学原論――人口減少社会を見据えて』淑徳大学長谷川仏教文化研究所，2021年。

介護人材が集まる職場づくり
――現場リーダーだからこそできる組織改革――

2022年８月30日　初版第１刷発行　〈検印省略〉

定価はカバーに
表示しています

編著者　結　城　康　博
発行者　杉　田　啓　三
印刷者　江　戸　孝　典

発行所　株式会社　ミネルヴァ書房
607-8494 京都市山科区日ノ岡堤谷町１
電話代表（075）581-5191
振替口座 01020-0-8076

© 結城康博ほか，2022

共同印刷工業・藤沢製本

ISBN978-4-623-09262-8
Printed in Japan

福祉は「性」とどう向き合うか　結城康博・米村美奈・武子愛・後藤宰人 著　四六判二四四頁 本体二二〇〇円

孤独死を防ぐ　中沢卓実・結城康博 編著　四六判二五八頁 本体一八〇〇円

保健福祉職のための「まち」の健康づくり入門——地域協働によるソーシャル・キャピタルの育て方・活用法　藤原佳典 監修　倉岡正高・石川貴美子 編著　A5判二八八頁 本体二五〇〇円

福祉専門職のための統合的・多面的アセスメント　渡部律子 著　A5判二七二頁 本体二八〇〇円

主体性を引き出すOJTが福祉現場を変える　津田耕一 著　A5判二三二頁 本体二五〇〇円

ホスピタリティマネジメントが介護を変える　吉原敬典 編著　A5判二二六頁 本体二四〇〇円

福祉政策とソーシャルワークをつなぐ　椋野美智子 編著　四六判二六四頁 本体二八〇〇円

ミネルヴァ書房

https://www.minervashobo.co.jp/